国际汉语教学与文化适应**必备指南**

GUOJI HANYU JIAOSHI SHENGCUN ZHINAN

国际汉语教师生存指南

课堂管理篇

·上·

主　编　Lisa Huang Healy（黄丽娟）

副主编　Dali Tan（谭大立）

Xiaoyan Wang（王晓艳）

编写组　黄　瑞　陈　丽　罗　怡　游寅耀

吴　雷　何云赤　尹艳燕　王　真

韩洪柳　余　耀　张博慧

高等教育出版社·北京

序　一

在越来越多的国家把汉语纳入国民教育体系、越来越多的大学把汉语列入学分课程、越来越多的人加入学汉语大潮的今天，世界范围内汉语教师紧缺的问题越来越尖锐和突出，而汉语国际教育所谓的“三教”问题，其核心则是教师问题。从总体上看，教师紧缺问题涉及两个方面，量的问题和质的问题——从量上说，我个人有一个保守的估算，全球汉语教师缺口至少在50万以上；从质上说，如果以比较专业的标准来要求的话，各国现有汉语教师队伍合格的未必是多数，优秀的更是凤毛麟角。

为缓解汉语教师紧缺的问题，十年前国内高校开始设立汉语国际教育专业硕士学位课程，旨在专门培养汉语教师。截至2017年，有150所高校每年招收5000名左右汉语国际教育专业硕士。在中国培养的教师如何才能适应世界各国汉语教育的实际需求，这是一个特别值得研究的问题。此外，应各国之请，中国现在每年派出近万名公派教师和汉语教师志愿者（多为在读的硕士生或刚毕业的本科生）赴世界各国支持当地的汉语教育事业。这些人此前几乎都没有在国外学习、生活和工作的经验，如何能让他们尽可能快地了解和适应该国的环境，胜任那里的汉语教学工作，也是特别值得关注的问题。

在今年北京这个特别寒冷的冬天，我收到美国大学理事会Lisa老师特别热情的邀请，坚持让我为她主编的《国际汉语教师生存指南》作序。躲在温暖如春的室内，听着室外呼啸的西北风，几乎是一口气读完书稿，我感觉特别兴奋！终于有这样一套书，可以给第一次赴外工作的公派汉语教师和志愿者提供最切实的指导，可以给专业硕士人才培养提供最重要的参考！

这套书名曰“指南”，并以“美国中文教师案例分析”为特色，内容涉及在美汉语教师工作和生活的方方面面。从初次见面寒暄到如何跟领导、同事及学生家长沟通，从开学前第一次全体员工会议到教学事务咨询，从课堂规则到课堂管理案例，从如何上第一堂课到中文测试和教学评估，从汉语课堂到文化推广活动和跨文化交流活动，从小学到初中和高中，从敏感话题到文化差异，从教学常用英语到如何面对特殊学生……工作与生活中可能遇到的重要问题及建议的对策，几乎无所不包、应有尽有。

浏览全书，我以为这套书最大的特点就是实用性和针对性。书中所涉及的问题都是新赴美的汉语教师必然会面临的问题。针对这些问题，书中先介绍与该问题密切相关但并不为我们所熟知的种种背景信息，再摆出具体案例（常常包括正、反两个方面的案例），然后分析这些案例，让读者通过阅读和思考掌握其中的关键点，从而获得解决问题的原则、策略、方法和技巧。案例分析之后，还提供拓展练习及参考答案，供读者自行训练。总之，全书针对真实问题，针对特定读者，提供解决方案，非常实用，也很好用。最后的一些附录在实际工作中大家可能都会用到，而所罗列的参考文献也便于有意者进一步深入拓展研究。

此外，书中涉及的很多内容都非常细致、周到。比如对具体教学法如沉浸式教学法的介绍，比如关于第一节课的教学设计、反思及相关讨论，再比如Lisa老师亲自执笔撰写的“海外成功的中文教师必备素质及案例”，具体罗列成为具有专业素养教师“要做”的20条和“不要做”的20条，真可以视为在美国中小学从事汉语教学工作的金科玉律与戒条，十分详尽和实用。在条款之后，再结合具体案例分析，并提供拓展练习和参考答案，对于帮助读者理解和掌握这些内容非常有用。

读书稿的过程中，我总在想，如果我是一名即将赴国外工作的公派教师或志愿者，对未来可能面临的种种挑战心有惴惴的时候，有这样一套书在手，心中定然会踏实许多。所以，我真心希望有更多的人能有机会看到这套书，并从这套书中获得教益与帮助。

需要特别指出的是，《指南》不仅对赴美工作的人可以真正起到“指南”的作用，即使是对其他一些人，也具有很重要的参考价值。因为尽管书中写的都是美国的案例，但是涉及的问题很多是具有普遍性和共性的，对在其他国家和地区工作的汉语教师同样具有指导和借鉴意义。同时，这套书不仅对国内汉语专业硕士人才培养、对公派教师及志愿者岗前培训有参考价值，对于世界各国汉语教师的来华培训，对于国内相关研究者及世界各国一线汉语教师，都具有很好的借鉴作用。事实上，这套书为世界各国汉语教师互相学习、互相启发、共同提高，提供了一个很好的机会和范例。

这套书有十多位作者，其中，既有像Lisa这样熟稔美国中小学汉语教学的资深专家——他们有十分丰富的经验，也有赴美从事汉语教学时间很短的“新手”教师。这些“新手”教师初来乍到，美国学校的一切对他们而言都是全新的体验，他们对很多事情有强烈的感受，可以敏锐地抓住一些关键和重要的问题——比如各种各样的情况介绍，常住美国的人习焉不察，初来乍到者却全无头绪，新手教师可以借助《指南》很好地告诉新来者，哪些问题、哪些方面需要特别注意。这样的作者团队为这套书的实用性、针对性乃至全面性提供了最可靠的保障。

我一向不喜欢给别人的著作写序，甚至连我自己的学生毕业后出版自己的博士论文，请我写序，我也多是婉言谢绝的——一来生性疏懒，二来自忖没有给别人写序的资格。这次Lisa老师来信，请我为《指南》作序。坚辞不获，故赘言如上，忝称之曰序。

朱瑞平

2018年2月12日于北京师范大学

序 二

中文成为近十年美国发展最为迅速的语种之一，中文教师为学习中文的学生打开了一扇通向未来的大门。有国际视野的人士都明白，掌握了中文，就等于拓宽了就业发展的门路，拥有了参与经济全球化的一项重要技能。

作为一名美国中文教师，我已投入一线教学三十余载，见证美国中文教学从大学急速扩展到各州、各地的中小学课堂，从过去寥寥无几的中文项目发展到目前全美有40多万学生学习中文，我感到特别欣慰。学生流利的中文，是中文教师辛苦教学的成果。经历过课堂上的无数挑战和不断磨炼，教师们深深体会到，唯有同行交流教学经验、共享教学资源，才能让我们的专业受到重视和肯定，才能携手继续向前。当我收到Lisa老师的热情邀请，要我帮她主编的《国际汉语教师生存指南》作序时，我义不容辞地答应了。这是Lisa老师组织策划、教学经验丰富的一线教师共同努力的成果，书中分享了他们课堂内外的鲜活案例和多年积累的教学经验，这是一套所有在职或即将入行的教师们值得参考的好书。作序的过程让我回想起当年初入行时，中文教学的“软件”和“硬件”都十分缺乏的坎坷和艰辛。

回首美国中文教育的历程，可谓历经风雨、一波三折。20世纪80年代末，美国道奇基金会执行长Scott McVay先生，启动资助六十所美国公、私立高中开设中文项目，掀起一波“汉语热”。这让我们当时任教的中文教师兴奋了一阵子，以为扬眉吐气的日子到了。但是那时海外中文教育未受重视，师资培训和教材研发各方面条件都不具备，得靠华人家长们去学区教育委员会不断争取，才能幸运地开设中文课程。但是能坚持开设下去的中文课堂不多，由道奇基金会资助的中文项目最后也所剩无几。学区财务紧张，必须减缩经费时，中文项目总是首当其冲被“牺牲”掉。全美中小学中文教师协会（Chinese Language Association of Secondary-Elementary Schools，简称CLASS）提供宣传中文的手册，为教师和家长们加油、打气，到处宣传“为什么要学中文”“学中文有什么好处”。虽然当时学习中文的时机尚未成熟，但仍然大大地提高了中文教师在美国外语教学界的“能见度”。20世纪90年代，美国外语教学协会（American Council on the Teaching of Foreign Languages，简称ACTFL）改革时，把外语学习标准纳入美国主流教育改革的核心课程之一。1996年CLASS受邀正式加入ACTFL，ACTFL成为全美十大语言组织之一，参与研发全美各语种的语言学习标准。1999年，在《美国21世纪外语学习标准》（5Cs）的发布会上，我喜极而泣，美国的中文教师终于可以很自豪地说：“我们做到了！”在学区的外语教师会议上，中文教师不再被孤立。中文教学终于能够与其他的语言教学齐头并进，有共同的教学目标，有专业的教学质量标准。

美国中文教学史上另一个里程碑是在1994年，美国大学理事会（College Board）为美国高中学习中文的学生设立了SAT II中文测试项目。测试的对象是在美国中学学习了两年至四年中文的学生，他们可以把SAT II中文测试的成绩作为申请大学的一项学历资格。虽然题型以选择题为主，考试的内容仅包括听力、语法和阅读，但考题不能局限于任何一本教材，鼓励教师把真实语料带入教学，让语言学习与日常生活接轨，注重学生使用语言进行交际的沟通技能。2003年，美国大学理事会在该组织的理事会议上将中文正式列为新通过的AP课程之一， 这是标志着中文进入美国主流课堂的重要起点。2007年举行的第一次中文AP考试，特别强调以《美国21世纪外语学习标准》为基准的教学模块，提高学生运用中文流利沟通的表达能力。2010年，俄勒冈州通过议会立法推动中文教学进入中小学课堂。随后，美国一些公立学区和特许学校也陆续将中文列入必修课。

历经波折之后，如今中文作为外语教学正在美国日益普及，除了本土教师以外，急需中国外派教师承担教学任务，以弥补师资的匮乏，而他们将成为国际汉语教育的新生力量。教师们初到教学岗位时，无论工作还是生活上都需要经历一段适应期。欧美国家的中小学课程设置形式多样，课程设置随着学区政策的变化改动较频繁。新老教师的工作衔接，与校方主管和家长的沟通，以及如何快速适应文化差异，都是国际汉语教师需要面对的一些棘手且现实的问题和挑战。

国际汉语教师要讲好中国故事，“怎么讲”和“讲什么”都非常重要。《国际汉语教师生存指南》是一套国际汉语教师必备的参考书籍。它收集了美国优秀中文教师的课堂教学真实案例，结合本土教师的丰富经验，针对中文教师可能面临的生活和工作上的问题，提供了全方位、多层次的解决方案。本书提供了专业的课堂管理分析、课件模板、教学视频、评估样题、跨文化交流活动、中西文化差异的敏感话题、辅导特殊学生群体的方法，以及体现“以学生为中心”的中文教学模式。

《国际汉语教师生存指南》的亮点除了提供配套的电子资源（包括图片、音频、教学PPT和视频）以外，还提供了英语为母语的美籍汉语教师——Heidi老师精心设计、整理的各种生活、工作场景所需的地道英语对话，以及与家长、同事沟通的英语书面范例。实用的英语指导对中文教师适应海外教学有极大的帮助，有助于他们提高本土文化适应能力。

目前国际汉语教学事业在全球范围内蓬勃发展，红红火火、如日中天，但在阵阵喝彩和掌声中，更需要扎实的教学研究和教材分享。《国际汉语教师生存指南》不但给予在岗国际汉语教师及时的帮助，解决现实生活和教学中的问题，对于有意从事国际汉语教学的教师们也提供了实质性的介绍，并对如何准备、加入这项意义非凡的事业提供指引。我想为Lisa老师的编写团队热烈鼓掌，他们为海外中文教育增砖添瓦，锦上添花。期盼更多的国际汉语教师拿出灵活多样的教学成果，为国际汉语教学贡献心力，使其更加生机勃勃，更上一层楼。

竹露茜（Lucy Chu Lee）

2018年元旦于美国新泽西州李文斯顿

自 序

一、成书缘起

近年来，全球中小学的中文项目蓬勃发展，对中文教师的需求也日益增长。在美国，很多美籍华人、旅美华人、来自中国的留学生，乃至母语非中文的美国教师都加入中小学中文教师行列中。此外，以孔子学院总部/国家汉办和美国大学理事会合办的客座教师项目为代表的文化教育交流项目也越来越多，为很多国际汉语教育专业的毕业生以及有志于从事海外中文推广事业的教师提供了平台，让他们有机会走出国门，发挥自己的专长，在实际教学中提升自己的教学能力。

那么这些中文教师在各自的教学岗位上最大的挑战是什么呢？通过数年来对这些上岗教师的观察、走访、评估，以及他们所在学校提供的反馈，我们发现了一个突出的现象：无论是在国内有着多年教学经验的“老”教师，还是刚从美国教育学院毕业、拿到美国教师执照的“新手”教师，都面临着严峻的课堂管理的挑战。由于中西文化的差异，课堂管理成为很多中文教师在工作中遇到的最棘手的难题。因为无法有效控制学生的行为，很多新教师在第一年的教学中都会经历困惑、苦恼、沮丧、自我否定等负面情绪，从而影响教学的质量和对自我的整体评价。

我们可以毫不夸张地说，没有成功的课堂管理，就没有成功的课堂教学。如果说课堂教学是奔驰的火车，那么课堂管理就是铁轨，只有铺好铁轨，才能保证火车顺利运行。然而，一个新教师通常要经过一两年的学习和摸索，才能逐渐掌握并且熟练运用行为管理的策略与技巧，让有效的课堂管理为教学服务。在很多情况下，课堂管理的问题是由于课堂教学方法枯燥，组织欠佳，节奏过快或过慢等原因，无法让学生全神贯注地投入课堂教学活动之中而造成的。因此，课堂管理和课堂教学是密不可分的。

综上所述，如果新教师能在就职前系统地掌握课堂管理的知识和技巧，就能避免开学之初的慌乱和无助感，缩短适应新环境的时间，更快地让教学步入正轨。目前市场上有不少关于课堂管理的英文书籍，但是用中文为中文教师编写的课堂管理类图书则寥寥无几，本书就在这样的需求下应运而生了。

本书是国际汉语教学与文化适应必备指南丛书中的一本。如果说“工作篇”是为大家打开海外中文教学的大门，那么“课堂管理篇”则是帮助大家扫清教学中的第一个障碍。

二、内容介绍

《国际汉语教师生存指南·课堂管理篇》包含课堂管理、文化差异和课堂教学三个方面的内容。课堂管理部分主要探讨不同类型的中文课堂和学习者特点、主要的课堂管理理论学派、预防性课堂管理策略、规则与程序等。文化差异部分是从文化的视角来分析造成学生行为问题的深层次原因及中文教师心理落差的原因、中西方不同的主流教学法的成因，并在此基础上对中文教师提出调整和适应的建议。课堂教学部分则从教学的各个环节入手，从教学设计实施、组织参与到教学评估，探讨怎样用有效的教学策略来加强教学内容和方法的趣味性，增强学生的学习动机，预防和减少学生的行为问题，提高教学的整体质量和效率。

本书为“课堂管理篇（上）”，分为课堂管理概述与课堂管理策略两个部分。本书每个小节的结构基本遵循以下模块：背景，原则、策略与技巧，案例分析，思考与应用（附有参考答案），参考资料等。其中的案例分析部分是本书的特色和亮点，所有案例都是真实案例的复述再现或者由若干真实案例综合起来改编，具有很强的参考价值。

本书还列有中英文词汇对照表，并在相应章节附上了常见的课堂活动，以方便读者学习美国教学中的常用术语和教学活动，提高与教学相关的英文水平。

三、适用对象

本书适用于美国及其他英语国家本土、在任或即将赴任的中文教师及志愿者，对其他国家中文教师及志愿者也有极大的参考价值。本书可作为汉语国际教育专业本科生和硕士生的教材或教辅材料，也可作为教师培训资料、教师资格考试备考用书及教学工具书。

四、编写团队

本书的主编Lisa Huang Healy（黄丽娟老师）是美国大学理事会中文教师项目的负责人，副主编Dali Tan（谭大立老师）是弗吉尼亚社区大学的中文教授和大学理事会项目顾问，另一位副主编Xiaoyan Wang（王晓艳老师）则是美国最大的中文项目（德克萨斯州国际领袖学校）的负责人。她们长期从事中文项目规划协调、教师招聘和培训等工作，也深入了解美国学校对中文教师的要求以及海外中文教师取得成功的途径。

编写组成员有：黄瑞、陈丽、罗怡、游寅耀、吴雷、何云赤、尹艳燕、王真、韩洪柳、余耀、张博慧。他们有的是美国大学理事会项目的客座教师，有的是美国本土教师，他们都是分布在美国各州的优秀中小学中文教师，都有丰富的一线教学经验。在编写本书的过程中，他们阅读了大量的中英文文献，结合自己的教学实践，经过反复斟酌和多次改稿，希望能把最精华的心得分享给大家，为新教师们提供战胜课堂管理的有效工具和武器，帮助教师们少走弯路。

除了编写团队，也有很多教师和同行无偿提供自己的教学课件、图片和案例供编写组参考。Matt Coss（高正元老师）在本书的英文编辑中提供了有力的协助。在此一并表示感谢。

本书的内容主要基于美国中小学中文教学的实际情况，也希望它能对在其他国家工作的中文教师提供参考与帮助。借由此书，我们也非常乐意与全球的同行进行切磋与交流。不当之处敬请不吝指正。

编写组

2019年10月于美国

CONTENTS 目录

第一章 课堂管理概述

第一节　不同类型的中文课堂

01 中文作为外语的课堂

背景

中文作为外语的课堂是指将中文作为第二外语或第三、第四外语等学习的课堂。

在美国，中文作为外语的课堂具有一些特点：第一，美国的中文课堂更加注重语言的应用性，偏重“听说领先，读写跟上”的原则，学生首先要将中文作为一种用于实际交流的语言来进行学习。吕必松（1995）指出：“把培养学生使用语言的能力作为语言教学的基本目的，这是现代语言教学的一大特点。”第二，美国的中文课堂更加注重对5C原则的贯彻。《美国21世纪外语学习标准》（*Standards for Foreign Language Learning in the 21st Century*）中提出，语言学习需要注意communication（语言交流）、cultures（文化沟通）、connections（贯联其他学科）、comparisons（比较能力）和communities（社团、社区、社会活动）。第三，美国的中文课堂更加注重活动体验。中文作为一门外语，其课堂教学应生动活泼，学生需要在“做中学”“玩中学”“活动中学”。因此，为了提升学生更高层次的思维水平（higher level thinking skills），教师需要经常开展动手动脑活动、竞赛活动、探究活动、体验活动、同伴和小组合作学习等，以帮助学生学习中文。

有的学者认为，与中英双语沉浸式项目的中文课堂相比，中文作为外语的课堂关注的不仅仅是语言学习，还包括与之相关的文化学习与体验，重点是语言能力与文化能力的习得。而中英双语沉浸式项目的中文课堂重点在于掌握学科内容（如数学、科学、社会等），只不过是以中文作为媒介语来教授相应内容。

有的学者则持有不同观点，认为在中英双语沉浸式项目的中文课堂的教学过程中，应该在通过语言学习科目的同时，也通过科目学习语言。这个观点认为，学生不仅要学习自然、社会、数学等科目的内容，还应完成相应的中文学习。

原则、策略与技巧

美国政府组织的“全国外语教育目标课题组”（National Standards in Foreign Language Education Project）是致力于在各教育层面上推动外语教学与学习的全国性组织，他们在《美国21世纪外语学习标准》中提出的5C原则是全美外语教学的重要指导原则。

1 Communication：以语言交流为本的原则

该原则认为学生要接触、学习外语，并使用外语进行一定的交流。

使用中文进行交流是中文作为外语的课堂最基础的原则。语言交流主要包括人际沟通（interpersonal communication）、解释性沟通（interpretive communication）和表达性沟通（presentational communication）。

- 人际沟通：学生通过口头交流或书面交流的方式分享并获取信息、情感、意见等。在课堂上可以经常开展调查类交流活动，帮助学生进行中文课内的人际沟通。

比如，“信息匹配找朋友”活动，教师在幻灯片上呈现15—20个问题（能够用“是”或“不是”回答的一般疑问句），并打印出来发给学生，学生可以用这些问题在班级内进行自由对话。如果学生A询问学生B，学生B的答案为肯定，那么学生B给学生A签字。比如，学生A问学生B：“你的生日在二月吗？”如果学生B回答：“是的，我的生日在二月。”则学生A得到学生B的签字。否则，学生A需要继续询问学生B其他问题或者寻找其他同学进行对话。最后，每个学生都收集到10个不同的、给出肯定回答的学生签字的时候，活动结束。

在活动过程中，每个学生都需要用中文去交流，如果有人说了英文，对方必须拒绝回答问题。同时，信息匹配的问题需要使用常见的、学生已经学过的问题，比如：“你家有五口人吗？”“你有哥哥吗？”“你喜欢狗吗？”“你喜欢绿色吗？”“你爱吃汉堡包吗？”“你有手机吗？”“你可以说两种语言吗？”“你会跳舞吗？”“你想去迪士尼吗？”“你家有狗吗？”“你的电话号码里有数字8吗？”“你的爸爸爱唱歌吗？”“你喜欢画画吗？”“你今天喝水了吗？”“你可以写汉字吗？”等。

需要注意的是，如果有的学生任务完成得很快，那么他们可以挑战更多的签字，这些额外的签字可以获得额外加分。或者，他们也可以作为志愿者去帮助那些较慢的学生。

- 解释性沟通：学生用中文理解、诠释他们接触到的信息。比如，在“我是小老师”活动中，每个小组都负责一个段落的研读、分析、教学工作。在完成小组学习以后，每个小组选派一人去其他小组进行教学，向其他小组解释说明自己小组的学习成果，完成中文课的交流活动。

- 表达性沟通：学生利用一定媒介输出信息、概念、想法等。比如，学生可以通过制作幻灯片、绘制图卡或思维导图、提供关键词、设计表格等方式，向其他人解释说明相关信息，达到交流的目的。

在中文作为外语的课堂，应当尽可能使用中文进行教学。当学生的中文输入达到一定“量”以后，他们就会自主尝试输出中文。这也是为什么很多学校提倡发展中英双语沉浸式项目的中文课堂的原因。非中英双语沉浸式项目的中文课堂虽然没有强制要求百分之百用中文进行教学，但是为了学生更好地学习中文，也应当保证90%左右的中文使用量。

2 Cultures：兼顾文化沟通的原则

该原则提出“注重文化能力与理解的相互作用”（interact with cultural competence and understanding）。主要提出了两个观点：一是“将文化实践与观点联系起来”（relating cultural practices to perspectives），学生需要利用中文研究与之相关的文化实践和观点；二是“将文化产品与观点联系起来”（relating cultural products to perspectives），学生需要利用中文研究与之相关的文化产品和观点。

以“纸与造纸术”为话题，首先可以通过视频，让学生了解中国古代“四大发明”，并展示中国造纸术的相关资料。然后可以开展很多文化活动，比如：

活动1： 折纸并进行纸飞机比赛，活动过程中学习“飞机”一词，以及“飞得高”“飞得远”等表达法。

活动2： 剪纸。剪出十二生肖，并学习动物名称以及句型“我喜欢的动物是……”。

活动3： 衍纸。用彩色的长条状纸条，卷成大小不同的纸筒，然后用胶水粘到背景纸板上，拼接出学生喜欢的图案，并学习“很漂亮”“很好看”“很美”等赞美性表达法。

活动4： 插纸。比如，在学习中国十二生肖的时候，集体插纸龙（插纸步骤请参考附录），并向学生介绍“龙”在中国文化中的重要含义。

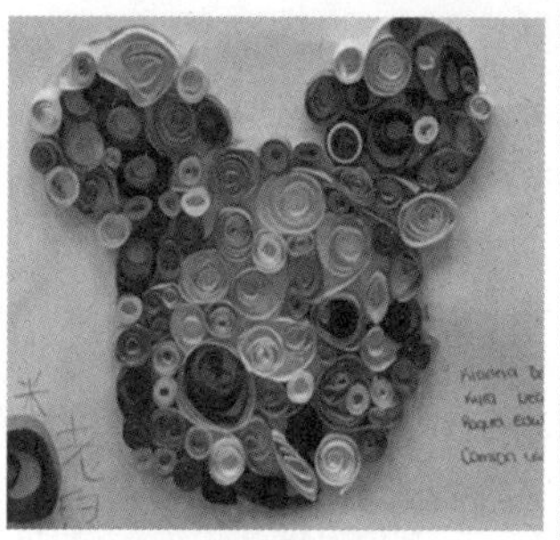
衍纸活动示意

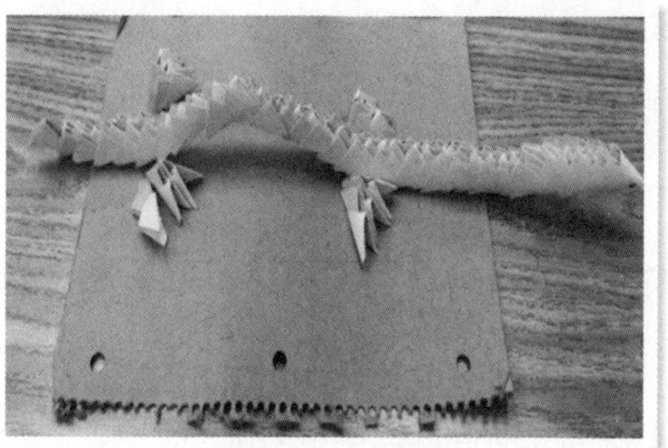
插纸活动示意

另外，还可以在感恩节、圣诞节等重要节日时让学生设计贺卡，并在贺卡上用中文写上“感恩节快乐”“圣诞节快乐”等。同时，还要用汉字写出至少一个句子，如“我爱爸爸和妈妈”等。圣诞节的时候，还可以全班一起设计圣诞节装饰，如制作海报、装饰圣诞树等，但所有活动都要求写汉字。

3 Connections：关联其他学科的原则

该原则要求外语的学习应该联系其他学科，并获取信息和相关观点。这既需要与其他学科“建立联系”（making connections）、在与其他学科的关联过程中促进多个学科之间的交融，也需要学生借助语言和文化“获取信息和不同的观点”（acquiring information and diverse perspectives）。

学习中文的过程中也会涉及一些其他学科的内容。比如数字（与数学的关联）、颜色（与美术的关联）、城市（与地理的关联）、歌曲（与音乐的关联）、动物（与生物的关联），等等。

以数字学习为例，中文课堂中可以这样实现与数学学科的关联：

活动1：汉字数独游戏。学生在下图中填入汉字数字“一”至“九”，要求每一个3×3的区域内每个数字只能使用一次。同时，每一列、每一行中“一”至“九”也只能出现一次。小组合作完成该游戏，用时最短的小组获胜。

七	四	六	八	三	五	一	二	九
九			二	四		七		三
				七	六			八
八			一		三		七	四
三	七	四		九		八	一	六
	一		七	八	四	三	五	二
四				五		二		
	九			一	七	四		五
五	八		四	二	九	六		

汉字数独游戏

活动2：数“3”游戏。学生依次说数字，如果学生轮到的数字包含3或是3的倍数则需要拍手；如果不小心说出这个数字则被淘汰。比如：1、2、拍手、4、5、拍手、7、8、拍手、10、11、拍手、拍手、14、拍手……

4 Comparisons：注重比较分析的原则

该原则认为，应当通过对比、比较的方式来批判性地学习外语和文化。主要包括“语言比较”（language comparisons）和“文化比较”（cultural comparisons），即学生对中文和母语之间在语言方面和文化方面的异同点进行比较分析。

以帮助中文二的学生完成中英疑问句的比较分析为例：

（1）教师需要大量呈现中文句子，帮助学生获取信息。比如：你爱爸爸吗？你是美国人吗？这里有狗吗？你喜欢吃汉堡包吗？你的家在哪里呢？你几岁了呢？你想吃什么呢？你怎么不去了呢？

（2）学生小组讨论：“吗”和“呢”在表达疑问的时候有什么不同？什么时候用“吗”？什么时候用“呢”？

（3）学生尝试使用已学知识造句，与同伴进行对话。要求一方必须使用疑问句进行提问，一方必须回答该问题。

5 Communities：走入社区/社会的原则

该原则主张外语学习走出校园、走进社区，提出了“学校和全球社区”（school and global communities）和“终身学习”（lifelong learning）的概念。就“学校和全球社区”而言，学生需要在学校、社区，甚至全球范围内进行中文学习，将课堂中所学中文应用到真实的生活语境中去，在真实的语言环境里理解、巩固、习得所学的中文。就“终身学习”而言，需要帮助学生建立终身学习的良好习惯。长期甚至终身的中文学习可以帮助学生了解与众不同的中国文化、开阔视野、增加适应社会的竞争力。因此，应当帮助学生树立中文学习的热情、信心与习惯。

以给笔友写信、写邮件为例：

教师可以与中国学校联系并与其建立交流关系，帮助学生找到中国笔友并经常进行书信或邮件往来。还可以给两个国家的学生播放彼此的课堂教学视频，让两国学生分别用所学外语做自我介绍等，在真实的中文对话中提高学生的中文听、说、读、写能力。

该原则要求学生在社区和世界使用外语并进行互动，那么，学生学习的中文就应当来自生活、服务生活，也就是常说的“真实语料”的学习。以火车票为例，可以使用这样的“真实语料”巧妙地与社区和世界做“互动”，从而帮助中文一的学生学习相应知识。

车票上涉及的城市名称，如北京、上海、广州、深圳等，需要学生了解。由此可以让学生对这几个非常著名的城市做一些小调查，并说一说为什么想去这个城市旅行。可以学习的句型有“从……到……”“我想去……，因为……”等。

中国火车票票样

车票上涉及了价格及中国货币单位“元”的学习，同时可以学习句子“车票多少钱？车票……元钱。”

车票上涉及了日期，可以向学生介绍与英文不同的中国日期的书写顺序：年、月、日。

同时，还可以让学生了解在中国购买火车票的一些信息。比如如何使用中国铁路官方网站12306、如何支付购票、如何进站乘车等。

案例分析

案例一

Apple High School的王老师刚刚来到美国，学校要求她尽量使用中文进行教学，但毕竟中文和英文是截然不同的语言，她很担心学生会产生畏惧心理。王老师有些不知所措，不知道该如何从第一天开始、由浅入深地使用目标语进行教学，并且消除学生对中文学习的畏惧心理。

案例分析

王老师可以在第一堂课就开始使用中文。在上课第一天，当学生走入教室的那一刻，就大声、清晰地用中文对每一个学生说：“你好”。可能有的学生会不知所措，有的学生会偷笑，但更多的学生虽然不知道含义却会模仿着说“你好”来回应。所有学生走进教室以后，对全体同学再说一次“你好”，并用手势引导学生模仿着回应；如果只有少数人回应，可以再尝试一次。

很多学生以为中文很难学，因此王老师第一堂课要消除学生的畏惧心理。教师可以利用体态语、图片、常用词语卡片以及谐音等帮助学生在第一堂课就顺利地说出大量中文词汇。这样，学生的成就感会非常强烈，学习中文的热情也会随之增加。需要注意的是，第一天的中文课不需要强求学生认识或写出汉字，只需要建立学生的自信心和积极性，鼓励他们大胆说出中文即可。

具体步骤可以如下：

第一步，借助体态语、图片、常用词语卡片继续说：“今天（常用词语卡片）我们（体态语、常用词语卡片）学习（常用词语卡片）中文（常用词语卡片）。”

这里需要注意，这几个词语每天都会使用到，因此每天都需要说出来从而强化学生的记忆。一般在第三天学生就能够记住“今天”“我们”“学习”“中文”等词语。

第二步，用幻灯片呈现词语与句子，借助体态语让学生猜测含义。比如：“我爱你”“我爱爸爸”“我爱妈妈”“爸爸爱妈妈”等句子，教师只需要用手势指向自己，以及用手势表达爱心，学生就可以猜出所有句子的含义，其中“爸爸”和“妈妈”的发音与英文类似，他们很容易就能猜出来。之后也可在这个基础上增加“和”字，即“我爱爸爸和妈妈”，从而在旧知识的基础上逐渐增加新知识。

第三步，用幻灯片呈现大量中文中的外来词，让学生知道中文并不难，很多词语他们甚至“不用学习”就知道怎么说、是什么意思。例如，可以带领学生朗读饮食类的词语“汉堡包、三明治、肯德基、麦当劳、巧克力、可乐、咖啡、星巴克”等，在此基础上，可以借助体态语说“我爱吃汉堡包”等句子，学生自然就能理解“吃”的含义。又比如城市名称“佛罗里达、阿拉斯加、纽约、华盛顿”等，继续使用刚刚学习的“我爱……”句型造句，帮助学生记忆这个句型。然后指向美国国旗说“我爱美国”，指向中国国旗说“我爱中国”，学生就知道了“美国”“中国”的含义。此时，再提升一下，便可以学习泰国、英国、法国、新加坡、印度、巴西、加拿大等很多国家的发音。所以，在第一天的中文课上，教师就可以借助体态语和常用词语卡片由浅入深地讲授很多词语与句型。更重要的是，在第一天学生就可以学习大量词语，并可以开口用中文交流，他们便不会认为中文特别困难了。

案例二

Apple Middle School的李老师负责六年级、七年级中文一的教学工作。在讲授“颜色”的时候，他发现学生对于识记颜色毫无兴趣，而且一些学生很快就能够掌握这些词语。有的学生认为太无聊，有的学生认为太简单，因而开始“开小差”，影响了课堂纪律。面对“颜色”这个简单的话题，李老师不知道该如何结合5C原则开展教学。

案例分析

李老师可以尝试以下方法开展“颜色”话题的教学：

（1）听歌曲《说唱脸谱》，加深学生对颜色的记忆。然后让学生用自己喜欢的颜色给脸谱填色，在小组内展示自己的脸谱，并用中文说出脸谱上的颜色以及为什么用这些颜色。

（2）小组竞赛说颜色。给学生分组，教师在幻灯片上呈现经过“特殊”设计的汉字（如红色的“黄”字，黄色的“红”字，绿色的“黑”字等），学生抢答，答对者加分。在挑战中加深学生对汉字的记忆。

（3）颜色小调查。每个学生需要询问其他同学：“你喜欢什么颜色？”“你不喜欢什么颜色？”“你的床是什么颜色的？”“你的狗是什么颜色的？”“你爸爸的车是什么颜色的？”要求学生围绕“颜色”话题与至少五个同学进行对话。

（4）文化调查。小组成员课后搜索资料，找出中国人喜欢的颜色，在下一次课上向班里同学介绍中国人喜欢的颜色，并举例证明。同时，对比分析中国和美国在颜色喜好方面有哪些异同点，并举例证明。

小贴士

1 课堂活动设计与操作建议

（1）活动的设计要紧扣当天的学习目标，绝对不能离开语言或文化的学习。不要只为了做游戏、气氛好而进行活动。

（2）在进行每一个课堂活动之前，务必把活动规则与计分规则讲清楚。否则，学生很有可能一头雾水，或者参与性不高，造成课堂管理问题。

（3）活动过程中一定要注意每个学生的行为，确保安全。

2 起中文名字

（1）给学生起中文名字有很多意义：第一，增加学生的主观认同感。学生有了一个中文名字，会认为自己和中国有了联系，很多学生在课堂内外都会主动叫对方的中文名字，客观上也增加了学生练习中文的机会。第二，增加学生对中国文化的了解。名字是中国人的重要身份符号，对于外国学生而言，名字中涉及的字音、字形、文化意义等可能是他们接触中文的第一步，会对他们的中文学习产生一定影响。比如中文的姓在前、名在后，和英文相反，说明了家族对中国人的重要性。第三，人生影响。对于热爱中文和中国、未来可能和中国人有更深交往的外国学生而言，他们的中文名字将是他们展现给中国人的一个友好信号，甚至可能会在未来的政治、经济、文化活动中伴随其一生。

（2）给学生起中文名字的时候应当注意的原则有：第一，随其所好。如果学生早就给自己想好了一个中文名字，那么，即便在中国人看来有些“与众不同”，我们还是应当尊重学生的选择。比如，有的学生认为“龙”是中国人的图腾，就给自己起了一个名字叫“大龙”，还有的学生直接使用翻译软件把自己的名字翻译成中文，如Luke Boxer就喜欢别人叫自己“卢克 · 拳击手”。第二，英汉谐音。可以根据学生名字的谐音起名字。比如：Leo的名字是“李敖”，Rayne的名字是“芮妮”，Carter的名字是“卡特”。这里需要注意两点：一是注意汉字的性别特点，有的汉字适合男生，比如“强”“德”“帅”“刚”；有的汉字适合女生，如“乐”“甜”“雅”“心”等；二是注意汉字谐音可能会有歧义，有些名字如果学生发音错误，就可能闹出笑话，如“谭宇”和“痰盂”、“李宇”和“鲤鱼”等。第三，约定俗成。很多外国名字已有固定中文翻译，所以可以选择直接使用这些名字。比如，Jayden的名字是“杰丹”，William的名字是“威廉”，Jayla的名字是“杰拉”，Tony的名字是“托尼”，等等。当然，也可以参考一些中文起名网站。

同理，也建议中文教师保留自己的中文名字，因为它代表中国文化，是学校师生接触、了解和学习中国语言和文化的好机会。

思考与应用

在中文作为外语的课堂里，教师应该如何为不同年龄、不同语言水平的学生设计活动？

参考资料

【1】吕必松. 关于语言教学的若干问题[J]. 语言教学与研究, 1995(4).

【2】National Standards in Foreign Language Education Project.*Standards for Foreign Language Learning in the 21st Century*[M].Kansas:Allen Press,1999.

附录：插纸步骤

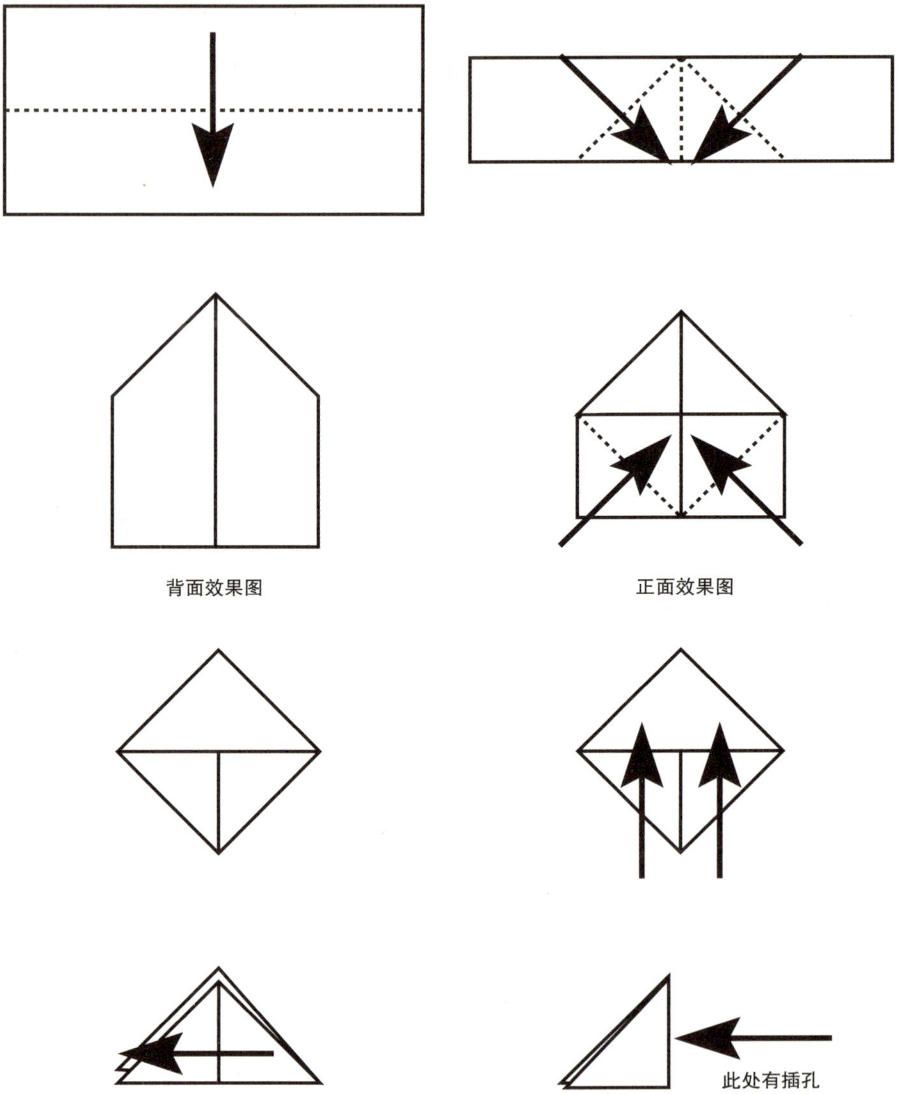

【编者　吴雷】

02 沉浸式中文课堂

背景

在美国，有一种常见的中英双语沉浸式语言项目，它采用50/50的教学模式，即学生有一半的时间学习英文，另一半时间学习中文。沉浸式中文项目通常需要两位教师搭档（分别教授中文和英文），共同教授两个班的学生。他们分别有自己的教室，通常是紧邻彼此。一位教师负责用中文教授数学、社会学、科学等科目，另一位教师则负责用英文教授相同的科目。两个班的教学是同时进行的，例如A班在中文教室学习的时候，B班正在英文教室学习。通常在一天的教学进行到一半的时候，A、B两班互换，A班换到英文教室学习，B班则换到中文教室学习。

课堂管理在沉浸式中文课堂里发挥着极其重要的作用。中文教师在中文教室里使用100%的目标语进行教学，即用全中文进行教学，这意味着如果教师解释不到位或语速过快，学生有可能连指令都听不懂，更不要说去执行课堂指令，在这种情况下就容易出现课堂管理问题。其次，在中文沉浸式课堂，一天之中学生有一半时间都在用中文学习，学习时间长、学习内容多都可能会导致学生的疲倦，这个时候也容易产生课堂管理的问题。

另外，两位搭档教师的配合程度也直接影响着教学效果，对学生的语言能力进步甚至项目的发展也会产生影响。中英文搭档教师之间的相互支持与配合主要体现在对课堂管理的一致上。再有，中美在教育体系和课堂管理方式上存在着诸多差别，这会让刚开始从事沉浸式教学的教师遇到不少课堂管理的难题，在他们的跨文化适应中形成障碍和挑战。

原则、策略与技巧

沉浸式中文课堂管理的原则

1 以奖励为主、后果为辅，营造积极的班级氛围

课堂管理的重点不是惩戒违反纪律的学生，而是在保证教学秩序的前提下营造积极向上的班级氛围。教师应该以奖励为主，促使学生积极遵守课堂规则，同时激发他们学习的主动性。作为辅助手段的后果体系，为良好的课堂秩序提供保障，同时也让违反课

堂规则的学生从后果中认识到自己的错误，进而改正自己的行为。

为了营造积极的课堂氛围，教师还需要在课堂管理的组织和实施中和学生建立良好的师生关系，这是课堂管理得以顺利实施的情感基础。良好的师生关系可以从很多方面培养，比如关心学生的学习和生活、耐心解答学生学习中出现的问题、参与学生的课外活动、让学生多了解生活中的教师等。

2 中英文搭档教师密切合作

如前文所述，沉浸式项目的特殊性之一就是一个项目里有两位教师，他们共同教授同一批学生（两个班）。学生每天都需要在两个教室之间转换，空间的转换相对简单，难的是学生需要转换语言、转换学习方式、转换接受课堂管理的模式等。因此，如果中英文教师的课堂管理模式基本一致，就能够让学生更快地转换过来。这一点对低年级的学生来说尤为重要。

因此，建议中英文搭档教师在开学前就对新学期课堂管理涉及的方方面面进行细致沟通，特别是就行为管理系统（包括奖励体系、后果体系等）的设置达成基本一致。“大同小异”可以说是一种比较理想的状态，“大同”为两位教师今后执行统一规则奠定基础，“小异”是为了两位教师都能有自我发挥的空间，可以根据自己的教学、管理风格实施个性化的课堂管理，让教师打造真正属于自己的课堂。

开学以后两位教师之间的及时沟通也同样重要，必要时可以对开学前协商出来的班级规则进行调整。两位教师应通过密切、及时的合作来保证整个学年中课堂管理的积极、有效开展。

3 根据学生的年龄调整课堂管理细节

由于学生年龄上存在差异，他们的心理成熟度、行为表现成熟度也有不同，不同年级的沉浸式中文课堂的课堂管理在部分细节上应该有所差别。低年级的课堂管理要更注重可视化的呈现，课堂规则最好都配上相应的图片，为学生理解、执行课堂规则提供视觉支持。此外，教师在发出课堂管理指令或做出课堂管理反馈的时候，最好配合自己的肢体语言来给学生提供视觉支持。高年级的课堂管理则可以更注重学生参与课堂管理的自主性，例如在开学初可以让学生集体讨论并制订要共同遵守的课堂规则，也可以让学生开班会共同讨论解决扰乱课堂秩序问题的办法。

4 注重可理解输入

学生出现行为问题有时候并不是因为学生主观上想要违反课堂规则，而是他们不清楚课堂规则里的相关要求。为了达到沉浸的效果，保证语言学习的环境，中文沉浸式课堂的教师使用100%的目标语来发出课堂指令、组织课堂管理及给予课堂管理的反馈等，中文教室里所有涉及课堂管理的内容都是用中文来呈现的，这些对学生了解课堂管理规则、接受课堂管理的指令、积极主动参与课堂管理来说是一个很大的挑战。因此，中文教室里课堂管理的实施需要特别注重可理解输入，比如用适合学生语言水平的中文来呈现课堂规则、用图片辅助学生理解相关内容等。中文教师要通过肢体语言、语言重音、固定的管理指令、适当的语速等来有效地组织、实施课堂管理。

5 注重建立多方沟通体系

沉浸式中文教室里的课堂管理，不仅仅涉及中文教师、学生，也涉及英文教师、学生家长，还可能涉及办公室教师、校长、行为管理教师、心理辅导教师等相关教师，因此需要打造一个多方沟通的体系。

由于中英文教师教授的是同一批学生，因此当某个学生出现行为问题的时候，中文教师可以找英文搭档沟通情况，分析学生的行为动机，了解学生在不同班级里行为表现的异同，共同商讨解决方法。

如果遇到一些比较严重或是频繁发生的行为问题，沉浸式教师可以通知家长。这样做一是为了让家长及时了解学生在校的行为表现情况；二是可以借机了解学生在家的行为表现；三是为了寻求家长的支持和帮助，让家长和教师合作、共同努力解决问题。如果遇到严重扰乱课堂秩序，或是威胁到其他学生安全的行为问题，通常沉浸式教师需要第一时间告知家长和校长，并寻求当事学生、家长、教师、学校四方的积极合作，共同解决问题。

沉浸式中文课堂管理的主要策略

从整个沉浸式中文课堂管理体系的组成上看，主要策略分为“硬件”和“软件”两个方面：

（1）“硬件”上包括桌椅的摆放，课堂规则的呈现，个人、小组、班级奖励系统的呈现，班级钱币的运用，行为表现奖励卡的运用，积极的班级文化元素的布置，班级职务分配展示区的布置，排队条的使用，座位指示标志的使用等。这些细节为课堂管理的实施提供了硬件支持。

（2）“软件”上包括行为管理体系的运用，教师进行课堂管理时使用的语言、技巧及对学生的引导，学生的积极参与，良好的师生关系，积极的班级文化，中英文搭档教师的密切配合，有效的家校合作等。这些策略为课堂管理的实施提供了软件支持。

从整个沉浸式中文课堂管理体系的参与个体上看，课堂管理主要涉及以下几类个体：

（1）中文教师：中文教师课堂管理指令的发送、语言的组织、语速的控制、肢体语言的支持、与其他教师保持课堂管理指令的一致等，这些细节能够让课堂管理的实施变得更顺畅、高效。

（2）英文教师：中文教师在开学前和英文教师讨论即将实行的课堂管理细则、平时和英文搭档及时沟通教室里出现的行为问题并讨论解决方法、和英文搭档一起讨论课堂管理规则的漏洞并做出调整等。这些策略符合沉浸式中文课堂管理的一个重要原则：中英文搭档教师之间密切合作。

（3）家长：教师在开学前告知家长“班级公约”并让家长在公约上签字，平时和家长及时沟通（邮件沟通、电话沟通、面谈沟通），给行为有突出进步的学生写祝贺小卡片，遇到较为严重的行为问题时请家长在家配合等，家校合作是沉浸式中文课堂管理的一个重要延伸。

（4）学生：教师分配班级任务让学生主动参与班级事务，培养学生的班级责任意识及班级归属感，在条件允许的情况下允许学生参与课堂规则的制订，召开班会探讨如何解决行为问题，遇到较为严重的行为问题时，教师与学生签订行为改进条约等。这些措施变被动为主动，让学生积极、主动地参与课堂管理。

（5）学校：教师带领班级参与全校性的行为奖励体系，遇到较为严重的行为问题时，教师可以按程序把学生送到办公室/校长室/行为辅导室/心理辅导室，也可以寻求学校“问题解决团队”（Problem-solving Team）的帮助。这些方法可以让班级的课堂管理融入学校这个大集体，为课堂管理注入团队的力量。

沉浸式中文课堂管理的主要程序

- **迎接学生：**沉浸式教室的课堂管理常常不是从上课才开始的，而是从迎接学生的时候就开始了。学生在操场上排队时，教师通过整队让学生在操场上调整好状态，然后学生安静地排队进入教学楼为上课做好准备。进入教室时，师生之间通过不同的互动方式（如师生互相击掌）来增进师生感情，也为新一天的上课打好情感基础。
- **书包与个人物品的放置：**这是一个小细节，但是可能会对课堂管理产生很大影响。书包或个人物品若是没有放好会对教师的课堂管理造成影响（比如放在教室课桌间过道上的书包可能会绊倒学生和教师，危害师生的安全，也可能会占用排队的空间等），还可能会出现学生在上课的时候偷玩书包里的个人物品的情况，导致学生出现行为问题。

- 交作业：教师要训练学生进入教室放好东西后就把作业交给教师。好的交作业程序不仅能及时提醒学生交作业，而且可以让教师高效地收齐学生的作业。
- 晨会与晨读：学生一进教室就需要做一定的任务忙碌起来，否则秩序可能一下就乱了，这将对新一天的上课产生比较负面的影响。因此利用好晨会、晨读不仅能组织好学生的学习，又可以为接下来的上课打下良好的课堂秩序基础。
- 出勤统计与午餐统计：通常沉浸式教师每天都要做出勤统计和午餐统计，因此教师在教室内有序地实施统计的常规能够尽可能地减少对学生学习的影响。
- 上课：这是进行课堂管理的主要时段，也是行为问题最有可能发生的时段。中文教师可以根据课程大纲自行安排每一天的课程，不同的课程安排会对课堂管理产生影响，比如动静结合地安排课程（晨读—数学—中文听说—中文读写）。课堂上教师要及时给予学生肯定，或是提醒学生改正不好的行为表现。同时，教师要区别对待行为反馈和学习反馈，这样才能更精确地给予学生反馈。
- 去洗手间：这又是一个不容忽视的重要细节。什么时候允许学去洗手间？学生需要如何告知教师才可以去洗手间？学生到洗手间之后要注意什么？可以有几个人同时去洗手间？这些都会对课堂秩序产生较大影响，教师需要提前制订好相关规则。
- 参加集会：美国的学校，尤其是小学常常会有各种各样的全校活动，教师要有效地训练学生排队去参加集会，训练学生在参与集会时控制好自己的行为。
- 参加特别课程：美国学生，尤其是小学生经常要去参加一些特别课程的学习，例如音乐课、体育课、美术课、电脑课、图书馆课等。学生需要有序地排队参与这些课程，在这些课程上同样要控制好自己的行为，下课之后还要有序地回到自己的教室。沉浸式教师课堂管理的影响将会延伸到这些特别课程中，因此也需要沉浸式教师对学生进行持续的训练。
- 下课：每天的下课休息时间里，学生从有序地排队下课、下课时友善地和同学相处，再到有序地排队回教室，这些都需要教师用有效的课堂管理方法来训练学生。
- 放学：要训练学生在放学之前高效地收拾好自己的东西，整理好桌椅，清理自己座位附近的垃圾。这样可以培养学生良好的整理习惯，同时也能节省教师课后整理教室的时间。

案例分析

案例一

今年是王老师在美国Green Creek Elementary School任教的第一年。听别的教师说，圣诞节之前最好都不要对学生笑，要树立教师的威严，这样本学年才会比较顺利。于是，王老师在大半年的时间里几乎都没有对学生笑过，学生吵闹时，王老师就尝试提高嗓门以压过学生吵闹的声音，想以此来控制课堂。但是，这并没有按照王老师的预期达到有效控制课堂的目的，学生吵闹的声音反而又盖过了王老师的声音。在这种情况下，王老师只好再提高音量，学生通常会暂时安静一会儿，但过不了多久学生吵闹的声音又会逐渐变大。一周下来，王老师已经喉咙疼痛、声音沙哑。

他十分困惑，开始怀疑是不是因为自己的严厉造成了师生关系的疏远。于是王老师尝试和学生拉近关系，开始控制自己的音量，温柔地跟学生说话，也经常对学生微笑。逐渐地，王老师和学生的关系确实有所改善，但是学生吵吵闹闹的情况还是时有发生。他虽然尝试了两种不同的方式，但学生的吵闹情况却没有改善，他觉得自己陷入了困境之中。

案例分析

在美国任教的第一年，很多新教师既要适应新的教学体系，又要适应新的生活环境，常常会遇到不少挑战。建议新教师们不要刻意地为了树立威严而一直对学生板着面孔。教学的艺术在于张弛有度，放得开也收得住。树立威严不是靠不苟言笑来实现的，而是通过温和并坚定地执行课堂管理规则和程序来实现的。有效的课堂管理需要一个环环相扣的体系，在这个严密的体系里，教师管理高效、学生表现积极、学校团队支持到位、家长配合有力。树立教师的威严是这个体系中的重要一环，建立良好的师生关系也是其中的重要一环。如果课堂管理出现了问题，教师必须检查各个环节，找出具体的原因，然后有针对性地去解决问题，才能让课堂教学继续顺利地进行。

这个案例的关键点是对教室噪音的控制。案例中，学生吵闹的时候，王老师尝试用自己的声音去盖过学生的声音，以此来控制课堂。如果没有严格的班级规则来规范学生行为，王老师一味地提高音量是控制不好课堂的，而且还会对自己的身体造成损伤。王老师应该使用规范、严谨的教师语言来管控课堂，及时对不恰当的行为给出相应的反馈（包括后果反馈），及时纠正不恰当的行为，从而保证课堂管理的顺畅进行。同时，教师也可以多从如何增进师生感情、让师生关系变得更融洽、让整个班级氛围变得更积极这些方面进行思考，找出行之有效的课堂管理方法。

案例二

陈老师所在的Green Creek Elementary School对沉浸式项目教师和学生使用目标语的要求较高，教师和学生（零基础的学生在第二学期）要做到100%使用目标语。陈老师教的是二年级，学生已经有了一年的中文基础。虽然陈老师自己能够做到使用全中文进行教学及课堂管理，但是学生说英文的情况却时常发生。在陈老师的班里，课堂规则的第一条就是“说中文”，学生因为说英文违反了课堂规则，本应通过接受后果来反思、改正自己的行为。但学生说英文的现象太普遍了，陈老师花费了大量的时间去纠正说英文的现象，还要逐一给予学生后果反馈并让学生执行后果反馈。教学时间受到很大影响，然而学生说英文的情况并没有得到很好的控制。陈老师因此十分苦恼，不知道如何更高效地解决这个问题。

在一次教师培训会上，其他教师的分享让陈老师深受启发。陈老师和英文搭档原本都在使用班级钱币奖励制度，而且这个制度在两个班级内都已经卓有成效，对学生起到了明显的激励作用。在这个基础上陈老师想出了一套针对性的方案：如果学生A听到学生B说英文，学生B要给学生A“两块钱”（课堂钱币）；如果不止一个学生听到学生B说英文，学生B要给教师“两块钱”（课堂钱币）。之所以这样设置，是为了避免学生之间为争夺“两块钱”（课堂钱币）而引发新的问题。陈老师在班里实行了这套方案，学生说英文的现象得到了非常好的控制。

案例分析

陈老师遇到的这个问题，是很多沉浸式课堂里都会遇到的普遍问题，如果处理不好，不仅会占用大量的教学时间，问题本身也得不到很好的管控。陈老师巧妙地使用课堂钱币制度，让学生之间相互监督，帮陈老师节省了时间。

陈老师的方案其实还可以进一步完善。目前方案的核心是：说英文会损失“钱”。如果从更积极的角度出发，在这个方案里增加“说中文会得到‘钱’”这个部分（如果有学生在中文教室的半天里都没有说英文，教师可以奖励这些学生“三块钱”或是“五块钱”），将更有助于营造积极的班级氛围。

小贴士

教学与课堂管理相辅相成，良好的课堂管理是教学顺利开展的前提，高质量的教学设计以及丰富的教学活动又有利于课堂管理的顺利实施。用中文进行学科教学是沉浸式项目的一大特点，完成学区教学大纲规定的教学任务是最重要的。但学科教学（如数学、社会学、科学等）常常是沉浸式教师的一大难点，因此为了顺利地完成教学任务、实施高效的课堂管理，沉浸式项目的教师们一定要在学科教学上做好准备、下足功夫。

思考与应用

沉浸式和非沉浸式中文教室的课堂管理有什么区别?

【编者　游寅耀】

03 流动课堂

背景

流动课堂是很多美国学校常见的形式，常常出现在学校教室数量有限、无法为每一位教师提供自己专用教室的情况下。流动课堂的教师通常拖着一个拉杆车或推着带轮子的讲台（以下简称“流动讲台”），携带着自己的教具和教学材料，按照课程表到不同的教室授课。在美国学校里，各个科目的教师都有可能成为流动教师，不少中文FLES（Foreign Language in Elementary Schools）项目都是流动课堂。对中文教师来说，没有固定的教室无疑会遇到困难。流动课堂对教师的教学和课堂管理都带来了挑战，教师需要因地制宜、采用切实可行的策略才能有效地完成教学任务。

拉杆车

流动讲台

原则、策略与技巧

流动课堂的特点

1 流动性大

中文教师依照课程表安排穿梭于不同教室，匆匆忙忙，每节课之间的间隔时间较短。因此教师一定要事先准备好各个班级的教学材料和用具，放在拉杆车或流动讲台里，宁多勿少。

2 要求教师具有较强适应性

中文教师要适应不同教室的格局（如桌椅位置、学生座位和小组安排、教具摆设等），教学时要因地制宜，注意临场发挥和利用资源。

3 课堂管理有挑战性

由于是教师走进学生的homeroom教室，学生会有先入为主的心理，因此中文教师需要制订和执行一整套行之有效的管理规则和程序，使学生迅速地从上一个科目转换到中文思维和中文教师的管理模式。

4 可用授课时间有限

学生从另一个科目转到中文的时候会有一个过渡时间，加上中文教师要占用上课时间来做多媒体设备等方面的准备工作，下课时又要提前准备结束课程，这样才可以在下课铃响后及时赶到下一个班级，因此，实际授课时间比较有限。

流动课堂的利与弊（Pros. and Cons.）

利（Pros.）	弊（Cons.）
免去布置教室的辛苦。	不是中文教室布置，缺少语言和文化氛围。
学生座位已安排好，节省排座位（seating）时间。	学生桌椅和座位安排已固定，没有太多灵活性。已有的座位安排不一定符合中文教师的需要。
要求教师必须严格地执行教学计划（lesson plan）的时间安排。	可用授课时间有限，课间时间短，和学生沟通交流的机会较少。
Homeroom教师有时会与中文教师合作管理学生。	如果不能与homeroom教师协调好关系，会影响教学、产生矛盾。

流动课堂的管理策略

基于上述流动课堂的特点及利弊，流动课堂的管理策略和有固定中文教室的课堂大不相同。

1 制订课堂规则及科学的课前、课中和课尾流程，保证顺利交接（smooth transition）

很多中文教师在进入一个教室时，学生还在做其他科目的任务，或者homeroom教师还在兴致勃勃地讲课，这时如何把学生从那个科目转到中文就非常关键。

课堂的程序（classroom procedure）应该包括从中文教师进入教室到离开教室的整个程序规则，如中文教师进入教室前（时）学生应该清理桌面上的其他科目的东西，把中文笔记本准备好；课前热身（warm up）；安排学生帮手在课前、课中和课尾进行辅助；下课前重温教学目标（review learning objectives），或者用形成性评估（formative assessment）结束课堂；整理教室，最后把一个安静有序的班级还给homeroom教师。

2 明确学习目标，检验教学成果

教师每节课都应设定学习目标，在课前张贴或写在白板上，课尾兑现，以此来检验是否达到了目标。

学习目标应该使用简单易懂的语言，要直入要点，不需要把课堂上要做的事情都一一列出来，但要把学生在一堂课结束时能掌握的知识要点和获得的能力写清楚。这样不仅可以帮助教师及时检查是否达到目标，而且学生在课尾重温学习目标时会有成就感。

3 做好教学计划

教师应认真做好教学计划，科学地利用课前热身和出门票（exit ticket）来复习学过的知识和导入新知识，分配好“我做、我们做、你们做和你做”的时间，做好教师讲课和学生练习之间、活动与活动之间的过渡和衔接，让每一分钟都得到充分利用。

4 营造安全、轻松、活泼的氛围

课堂氛围直接影响学生的学习积极性和教学效果。生动活泼、安全轻松的课堂显然会比沉闷乏味、教师主讲的课堂更能激发学生的学习热情。前者能让学生积极、主动参与，显著提高教学效果；后者则会让学生丧失学习兴趣、产生厌倦心理，因而出现各种课堂管理问题，使教学不见成效。

有的教师担心在中文课堂做各种活动会让学生太兴奋、课堂气氛过于活跃，从而导致课堂失控，以为教师主讲就可以避免这样的问题。然而，教师主讲的教学方式往往更容易导致纪律问题产生。

我们提倡以学生为主的教学，学生是课堂的主体，教师应有意识地营造良好的教学氛围。首先，教师要对学生充满爱心，无论是表扬学生还是纠正学生的错误行为，都应该让学生感到教师很在意他们、非常关心他们的成长、希望看到他们成功。其次，教师要营造安全的学习环境。美国是一个多元文化的国家，教师应该引导学生尊重不同的文化，鼓励学生接触和体会他国文化、习俗、服饰和食物等。同时，还要避免学生之间出现嘲笑和鄙视的现象。有一些学生害怕自己说错以后会被教师和同学们笑话，所以不敢主动回答问题、不愿意参与活动，因此教师在学生出现错误时不要刻意纠正和指责学生，应该重复正确答案，使用鼓励的眼神和赞扬的话语，让学生有安全感。

流动课堂的管理技巧

有一些中文教师，尤其是初来美国的教师对流动课堂不太适应，再加上英语流利度欠缺，不愿与homeroom教师沟通，对每天进入其他教师的教室怀有畏惧心理。流动课堂管理着实不太容易，但是并不是不可以攻克的，成为成功的流动课堂的教师往往需掌握以下技巧。

1 与homeroom教师建立良好的关系，寻求合作管理

与homeroom教师建立良好的关系至关重要，这关系到整个学年课堂管理的成败。中文教师应在开学前或开学第一周就与homeroom教师接触，询问他们对教室的物品和教具的摆设及使用有什么要求和提示、需要注意哪些方面等。中文教师应尊重homeroom教师的空间和物品，如果需要使用教室里的教具或文具，首先应该征得homeroom教师的同意，使用后物归原处，尽量保持原样。如有损坏，应立即与homeroom教师沟通，主动寻求解决办法（因为一些学校没有经费给教师提供所有的教具和文具，所以上课需要的很多教具和文具都是教师自己出钱购买的）。

另外，中文教师也要经常和homeroom教师做教学方面和学生管理方面的交流。在教学方面，应了解其他学科正在学习的内容，在中文课堂上可以与其呼应，这样既能互相巩固知识点，又能使中文教学变得更有意义，增强中文与其他学科的相关性，学生更容易掌握所学内容。在学生管理方面，中文教师可以向homeroom教师了解每位学生的情况，尤其是在中文课堂上经常出现行为问题的学生。通过homeroom教师去熟悉和了解个别学生的学习能力、学习特点、学习行为，甚至是家庭和文化背景等，可以帮助教师制订有效的个性化方案来预防和解决课堂上出现的管理问题。与homeroom教师交换一些成功的方法和策略可以大大减少在中文课堂上出现纪律问题的情况。

与homeroom教师的合作还体现在利用homeroom的资源，比如和homeroom教师商量使用教室的一小块区域或角落作为中文区，用来张贴学习目标、学生作品、中国文化装饰、奖励图表等，并在教室的书架上放一些中文读物供学生阅读。当与homeroom教师建立起愉快轻松的工作关系时，他/她会欣然让中文教师把homeroom当作自己的教室。

2 做好课前准备，预备充足的资料和教具

作为流动教师，中文教师不太可能在课前把学习目标和课堂规则写在白板上，也不能提前把电脑和投影仪连接好、把教具摆放好，所以，做好课前准备十分必要。

流动教师每天会上五到六个班的课，所以要把每个班当天需要的材料准备齐全，宁多勿少，甚至要准备出额外的材料给学习好或完成快的学生，这样学生不会因为提前完

成任务而无所事事、出现纪律问题。除了材料外，教师还要准备好教具，如电脑、充电器、闪卡（以防多媒体设备出现问题）、图表等。每天授课结束后，教师还要把当天用过的材料清理一遍，然后把第二天要用的材料和教具准备好，必要时到每个homeroom教室里检查是否有第二天需要的教具和资源等。

装满了教具和材料的拉杆车

流动教师其实是把一个“微型教室”带在了身边，除了教学材料、学生作业、试卷等，还要准备学生名单、课堂规则和常用语标牌、写有学习目标的小白板、活动用具（如球、塑封的空白bingo卡片、毛绒玩具、便利贴等）、计时器、马克笔、铅笔、纸、奖励贴纸（stickers）、磁铁和创可贴等。

3 合理有序地安排和整理流动讲台

流动讲台就像一个流动的教室，教师一定要把流动讲台整理得有条有理、物品放置整齐、分类并做标签。下面几个建议可供参考：

- **准备几个多层文件夹或可悬挂的文件夹**

教师可以按班级或上课时段分类，把批改过的学生作业或试卷和要发给学生的材料分放在不同的文件夹里。这样既可以迅速地拿出材料，又能避免学生作品丢失。也可以把不同班级需要的闪卡放在不同的文件夹里。

- **为每一个文件和物品分类贴标签**

在使用文件夹时，给每一个（类）文件贴上标签，注明年级、班级、时间、类别（如试卷、作业、warm-up练习、exit ticket等），可以用不同颜色的标签或回形针做区分。

- **在流动讲台上外挂整理袋或准备一些带格子的透明塑料整理盒**

在整理袋里或盒子的不同格子里摆放铅笔、马克笔、磁铁、骰子、计时器、奖励贴纸、印章、奖券、小奖品和创可贴等。

- **各类物品在流动讲台里都应有固定的位置**

文件夹、塑料盒、电脑、课堂规则和常用语标

外挂口袋的拉杆车

牌、教具等都应该有各自的位置，用过之后物归原处，保持清洁和整齐。

- **用其他辅助工具来规整教学用具**

有的教师会在身上带一个腰包（pouch）或围裙（apron），把马克笔、奖励贴纸、印章、计时器等常用的物品放在口袋里，随用随取，快捷方便，这样可以避免到流动讲台里翻找东西浪费时间，造成学生出现纪律问题。

围裙

- **让学生帮忙装饰流动讲台**

虽说流动讲台不如固定教室那样有充分的空间和资源，但这并不意味着它就应该是乏味和受限制的。教师可以给学生分组，组织学生帮忙装饰流动讲台，指导学生制作课堂纪律和常用语标牌，挑选出最好的作品贴在流动讲台的外面，也可以把流动讲台的四周变成学生的学习作品展示墙。

案例分析

案例一

当杨老师走进三年级教室时，学生们还在完成数学课的任务，尽管数学教师一再提醒学生“现在是中文时间”，学生仍想把最后的一道题做完。杨老师静静地走到教室前面，眼睛看着全班，用坚定的语气不快不慢地开始从十倒数，“十、九、八、七……”这时班上的所有学生都以最快的速度将手上的数学题纸收起来，并把中文笔记本拿出来。电脑助手Tom则从杨老师的流动讲台里拿出了他的电脑，熟练地将一根数据线与电脑连接起来，然后把杨老师这节课要讲的“国家”主题的幻灯片投放到了电子白板上。与此同时，杨老师也将事先写好教学目标的塑封纸贴在了白板上。等倒数到“零”的时候，全班同学都已经做好了上中文课准备。这时候，杨老师开始了每节课开始时的问候仪式，教学正式开始。

➔ 案例分析

从这个案例中我们不难看出，杨老师已经在班级里制订了良好的课堂规则和程序，学生们对中文课开始的程序已经牢记在心，做起来轻车熟路了。

案例二

今年是杨老师在Apple Elementary School工作的第二年了，他现在已经摸索出了一套有效的课堂管理方法，但是第一年工作的时候他因为不善于课堂管理，吃了不少苦头。那时，他每天去不同教室上课，以为只要上好自己的中文课，管好自己的课堂就大功告成，没想到学生并不买账。尤其令他不解的是，有一个班的homeroom教师对学生管理得很严格，每当homeroom教师在教室时，杨老师走进教室的时候学生都安静地坐在椅子上，等homeroom教师一离开教室，学生立刻开始乱讲话、离开座位走动，他再三对着学生喊“安静”，仍然有学生不理不睬、毫无反应。今年他决定和他的homeroom教师保持密切的关系并向他取取经。

他教的二年级A班有一个学生叫Jack，上课时喜欢走来走去，不时去其他学生那儿借铅笔、橡皮，去喝水，有时还会爬到桌子下面发出一些怪声音，引起全班同学哈哈大笑，教学常常被打断。杨老师使用了各种方法，奖励和惩罚都不见成效。于是他找到了homeroom教师Mr. Scott Kent，询问Jack在其他课上的表现。Mr. Kent说Jack是一个有注意力缺陷和多动障碍的学生，在其他课上也有同样的问题。但是在Mr. Kent的数学课上，当Jack表现好时Mr. Kent会让他在平板电脑上玩几分钟数学游戏，Jack非常喜欢电子游戏，因此他会安安静静地在座位上听课，不会乱走动。杨老师经过Mr. Kent的同意，在平板电脑上下载了一些适合二年级学生玩的中文游戏，每堂课当Jack能遵守纪律时，杨老师就会奖励Jack玩几分钟中文游戏。Jack不仅不再影响其他同学学习，而且自己也对中文产生了极大的兴趣。

案例分析

杨老师没有故步自封，他知道和homeroom教师经常沟通、了解学生的情况可以大大地帮助中文教师有效地管理课堂。中文教师不仅可以向homeroom教师取经，也可以和homeroom教师合作管理，这样既和homeroom教师保持了一致性，又保证了课堂管理的有效性。

案例三

杨老师刚从中国来美国教中文的时候，常常把教学内容以幻灯片（PPT）的形式准备好，然后在课堂上展示给学生。低年级的孩子非常需要借助图片和声音来学习新知识，因此他使用了很多颜色鲜艳、活泼生动的图片和视频。有一天，他照例拉着流动讲台到一年级去上课，他花了好几分钟试图把电脑和投影仪连接起来，却发现投影仪有问题，无法操作。这下他无法给学生们展示图片，也没有音乐来教他计划里安排的一首歌，他后悔没准备一些闪卡带在流动讲台里。无奈之下他决定以传统的方法讲课，在白板上写下汉字和拼音，并翻译成英语，费了好大工夫给孩子们讲解了一部分知识点。看着学生们似懂非懂的样子，他突然想起前两天在给另一个班上课后还剩下一些练习材料在流动讲台里，就开始给学生们发练习材料，但是不一会儿他就发现所剩的材料不够发给全班学生，最后只好放弃这个活动，就这样，整节课毫无成效地结束了。如果他在流动讲台里准备了闪卡和活动用具，为可能出现的类似情况做好准备的话，就可以临时改变授课形式，同样完成一堂精彩的中文课了。

案例分析

由于流动课堂的性质，教师要携带足够的，甚至多余的资源和材料以防各种突发情况，例如闪卡、活动用具、练习材料（worksheet）等，并在备课时计划出额外的活动，以免在这种突发情况下手足无措。

案例四

基于流动课堂的特点，杨老师无法像homeroom教师那样把课堂规则永久地张贴在教室里，于是他把中文课的课堂规则以课件和海报的形式分别展示给学生。他将两页课堂规则放在所有课件的前面，每次上课前他都会先把这两页展现出来，并带领学生用中文读一遍课堂规则。他还把写有课堂规则的海报贴在白板上，一方面，这样能够让学生随时看到课堂规则，时刻提醒自己规范课堂行为；另一方面，便于教师上课时说明学生表现，而无须翻查课件。

上课过程中，如果某个学生或小组表现很好，杨老师会指着海报表扬其表现好的方面；如果某个学生或小组在某个方面表现不好，他会指着海报提醒他们在哪个方面需要改正。下课前，他会统计学生的表现情况，严格执行奖惩制度：对遵守课堂规则的学生给予相应的奖励；不遵守课堂规则的学生则要承担相应的后果。通过这种方式，学生对中文课课堂规则耳濡目染，对遵守规则有强烈的自主意识，课堂呈现出和谐有序的氛围。另外杨老师每堂课的教学计划都制订得非常严谨和科学，其内容包括课前、课中和课后三部分，充分利用了每一分钟，而且每部分都以不同形式体现出课堂规则的贯彻和执行。

下面是杨老师课堂规则课件的图样：

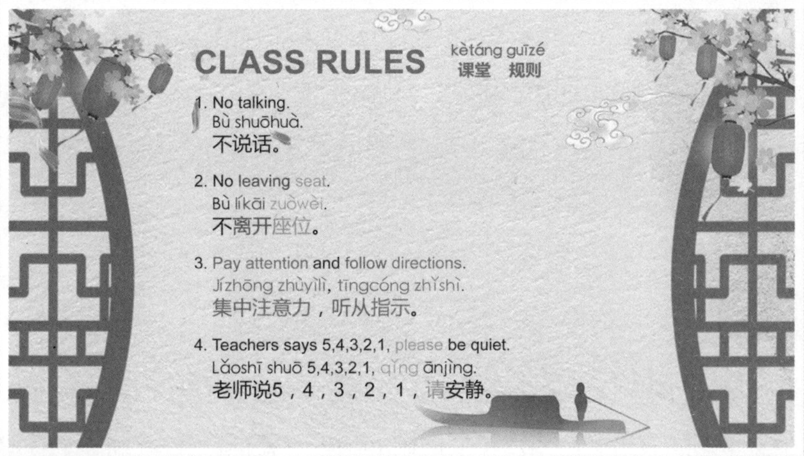

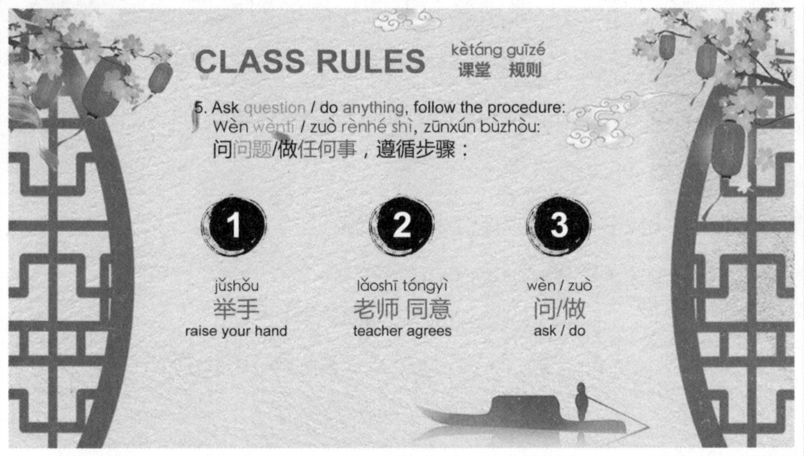

课堂规则

案例分析

课堂规则的执行是长期的，不是只在开学的头两周，因此，杨老师让学生时刻看到课堂规则，不断地在学习过程中提醒他们，不仅可以巩固和加强学生执行规则的意识，使学生成为制度的主人，又可以把制度贯彻到底。

小贴士

在课堂上，除了给班级小帮手听的指示语可以用少量英文外，其他教学方面的用语都应该使用中文。美国外语教学协会（ACTFL）提倡外语课的目标语使用应该在90%以上（包括初级班）。教师的口令（attention grabber）和课堂常用语一定要用中文，为学生提供尽可能多的中文语境。

思考与应用

张丽老师是一位刚到Apple Elementary School的新教师。为了使自己的课更有趣，增加学生对中文学习的兴趣，她每次授课时都会组织一些活动让学生参与。学生们非常喜欢这些活动，他们乐此不疲，经常会在下课铃响的时候还在兴致勃勃的进行活动。Homeroom教师对此抱怨不已，说学生异常兴奋，安不下心，很难接着上课。如何让学生们既能有活动可做，又不影响homeroom教师下节课的教学呢？

* 特别感谢德州国际领袖学校李佰萍老师提供案例和资源

特别感谢德州国际领袖学校黄欣琪老师提供图片

【编者　何云赤】

第二节　特定教学环境中的课堂管理与学习者特点

01　学前班和小学的课堂管理与学习者特点

背景

很多教过学前班和小学的教师都会同意这个说法：学前班和小学的学生是一个有很大跨度的群体（5—11岁），教师需要针对不同年龄段采用不同的课堂管理方式和方法。

根据年龄，可以把这个群体大致分成三组：低年级（学前班、幼儿园和一年级），中年级（二年级和三年级）及高年级（四年级和五年级）。这些不同年龄的学习者有很多共同的特点，但由于每组学生在生理和心理上的发育和发展不同，认知能力和学习方式存在差异，因此他们也有一些不同之处。教师应该因材施教，针对学习者的特点制订和采取有效的课堂管理措施和方法。

原则、策略与技巧

5—11岁儿童的学习特点和相应的课堂管理策略

1　注意力集中的时间短，天生活泼好动

孩子生下来之后就通过肢体的不断活动来成长，活动可以增加血液循环，为大脑提供氧气，提高孩子的注意力。如果学生一节课都是听教师“满堂灌”，师生之间没有任何互动的活动，那么学生就很有可能注意力不集中，如趴在桌上睡觉、做小动作、交头接耳、随意走动等，影响课堂秩序。小学生注意力集中的时间比较短，建议对于年幼的学生，倘若一节课有一个小时，可以设计10—15个不同的课堂活动，也就是说，每4—6分钟就要更换一个活动。在中文课堂上，全身反应法（Total Physical Response）是一种常见的互动方式。其他可用的方式还有跳韵律操、根据所学内容编制歌舞或顺口溜、设计需要走动的游戏、进行有意义的小组活动等。做到学中有动、动中有学，并注意课堂的动静结合。

学生韵律操示意

学生分组做project

2 擅长模仿

学前班和小学阶段的学生模仿能力非常强，他们对教师有尊敬和崇拜之情，对教师的一言一行牢记在心，不时会说出教师在课堂上常说的话语，或做出一些教师做过的举动。

教师在开学之初就要给学生介绍课堂规则和程序。在初次向学生讲解课堂规则时，教师要耐心，使用简单通俗的语言，请学生来演示教师期望的行为。再由全班学生共同讨论，指出应该怎样做和为什么要这样做，然后大家一起练习。还可以创设一个情景由学生自己来表演期望的行为和不能接受的行为以检验学生的理解程度。在接下来的日常教学中，教师也应当时常重复这些课堂规则和程序，不断地使学生加强记忆。事实证明，这种互动式的、学习课堂规则的形式远比那种单纯向学生列清单式的枯燥方法有效，而且学生更容易接受和遵守。

3 渴望得到认可和赞许

这个年龄段的学生都希望得到表扬。学生可以通过他人的认可和赞许得到个人价值的肯定，从而建立自信心、增强自尊心。教师对学生的鼓励和赞扬也能促进学生之间的认可。

对学生的赞扬应具体，说出学生被表扬的具体原因，避免笼统的夸奖。比如：Jenny经常帮助教师收发作业、擦白板，与其表扬她："Jenny，你是个很棒的孩子！"不如换成："Jenny，谢谢你当我的小帮手。"还可以说："汤姆，你的汉字写得很漂亮！""Sally，谢谢你这么快就把书桌收拾好了。""Peter，你很善良！你是一个爱帮助人的孩子。"

4 竞争心理强

孩子都喜欢比赛，这似乎是他们的天性。在美国，学生很小就开始参加各种球类比赛了，同时学校还有各类名目繁多的比赛，如拼读比赛、读书比赛、才艺大赛、卖巧克力给慈善机构募捐比赛，等等。有竞争就有进步，有超越才有发展。教师应利用学生这一宝贵的特点，鼓励学生积极参与，在竞争中进取，敢于迎接挑战。建议教师在中文课堂上组织不同形式的比赛，并评出最佳行为奖、最佳小组奖等。

教师可以尝试在每节课上分组进行比赛，记分员根据教师的评价对每组的表现记分。一节课下来，积分最多的组可以获得不同形式的奖励，如贴纸、印章、奖券等。一个学习周期结束时，获得的贴纸、印章或奖券等最多的前三组学生会得到一份特殊的奖品；如果整个班级获得的贴纸、印章或奖券达到一定的数量便可以给全班搞一个零食派对。实行了这个制度后，学生会有意识地注意课堂表现，行为问题明显减少，课堂变得井然有序。

积分制度是一种非常有效的课堂管理方法，学生都乐于竞争，会为了获胜而自觉地约束自己的行为，并能互相监督、互相提醒。积分制度最终的奖励一定要兑现，不可以不了了之，否则教师就失去了信誉，以后就无法继续执行相关制度和规则了。

5 愿做小主人

课堂上经常有学生问教师：“我今天可以当班长吗？”“方老师，我想做小组长。”“我从来没当过记分助手。”

虽说这种现象有时会打乱教师的正常上课流程，但是从另一个角度看，教师可以利用学生的这一特点来帮助维持良好的课堂秩序，比如给学生们分配不同的工作和任务，让他们负责管理教具、分发教学资料、给班级和小组计分、操作幻灯片、分发贴纸等。这些工作能培养学生的主人翁责任感和领袖才能，学生会为了保持“领导”的形象而更乐于以身作则。这也是为什么很多有行为问题的学生在班级里当了小助手后就变成了“小天使”。公平起见，最好让学生轮流做不同的任务，这样班里每个学生都能得到锻炼自己领导能力的机会。

三个年龄组的不同之处和应对策略

1 小学低年级学生（学前班至一年级）的特点和管理方法

（1）喜欢在有规律的事情中寻求安全感和秩序感

他们乐于反复做同类的活动，能通过不断重复懂得排队整齐后才可以进入教室、书包和衣物要放在储物格里、做好的功课要放在固定的档案袋里带回家、上课前要有固定的仪式（如拍手或歌谣）等。教师在设计活动时可以采用已经做过的活动，但应适当改变一下形式或内容，这样学生既能通过熟悉的活动反复练习所学知识，又不会因不断重复而失去兴趣。例如，课堂上常用的“打电话”活动，教师可以让学生用传话的形式练习生词，也可以换成让学生传毛绒玩具或球的方式来不断重复新教的词汇。学生通过习惯性的练习变得越来越熟练，从而树立信心、培养独立自主的能力。

（2）对抽象的事物尚缺乏理解能力

这个年龄段的孩子还不能完全理解抽象事物，因此课堂规则一定要简短，一般为三项，最多不要超过六项；语言要简单易懂，给学生讲解时要用图片和实例来说明，不能单纯生硬地解释，同时要在每天的学习和活动中反复练习。当学生做得正确时教师要及时表扬，让学生看到正确的行为准则并继续发扬；学生出现行为问题时教师要立即纠正，告诫学生这种行为是错误的，并耐心指明正确的做法。这样学生才能在实践中不断理解和遵守这些规则。

（3）喜欢比赛，但是失败时容易气馁

他们很乐于竞赛，因此让学生分组进行比赛并计分、给予得分多的组奖励通常是很奏效的方法。但是，一旦失败了他们也会气馁。这时就需要教师进行安慰和鼓励，并及时帮学生转移注意力，比如给他们分配一些工作来做或用不同的名义（如积极参与奖、进步最大奖等）奖励他们。

2 小学中年级学生（二年级和三年级）的特点和管理方法

七至八岁的学生（二、三年级）的思维和解决问题的能力已经有明显提高，他们会经常问一些问题，想要知道事情发生的原因。

他们会对权威和制度表示尊重，但是更想知道制度背后的原因，因此，在向学生介绍课堂规则时还要向他们解释为什么。当学生理解了其中的道理就会更乐于配合和遵守。

这个年龄段的学生开始发展同学间的友谊，他们喜欢和同伴一起做功课、玩游戏，有集体荣誉感。因此建议以小组为单位组织一些比赛，他们会很在乎结果，也会为争得荣誉而尽心尽力。

二、三年级学生越来越独立，他们希望遵循固定的规则和程序。因此在制订课堂规则和程序时要保证每个环节都有运作程序。例如，进教室的程序、去洗手间的程序、热身程序、选小助手的程序等。教师需要向学生一步一步展示如何做是正确的，并且不断练习加以巩固。

3 小学高年级学生（四年级和五年级）的特点和管理方法

四、五年级的学生正处于生长发育期，正由儿童成长为少年，他们在生理和心理上都发生了显著的变化，认知能力不再局限于对具体事物的理解，也开始对抽象的概念产生兴趣和认识。对于规章制度有了个性化的理解，更希望成为制度的主人。

高年级的学生开始出现叛逆心理。他们会挑战权威，在教师批评教育他们的过程中，部分孩子会出现不满情绪和抵触行为，具体表现为否认事实、极力辩解或不以为然。这个年龄段的孩子很敏感、脆弱，对待他们要多用鼓励和肯定的方法，切忌与孩子争执和大声呵斥孩子。

案例分析

案例一

Apple Elementary School的方老师至今还记得她第一年来美国教中文的情形。来美国之前她是中国的一名小学语文教师，学生对她很敬畏。她刚开始到美国教幼儿园时，对幼儿园的孩子要求也颇为严格，她觉得纪律要从小抓，应该从小练就军队般的课堂秩序。她要求学生上课时要像士兵一样不东张西望、不交头接耳、不随意走动。学生有小动作的时候她马上就会给予严厉的批评。

这天，方老师正在讲"颜色"的话题，平时就比较好动的Tom突然离开座位来到方老师这儿，一只手敲着她的手背，另一只手指着美国国旗说："红色，红色。"方老师批评他不应该随意走动，Tom坐回了座位。过了一会儿，当方老师讲到蓝色时，Tom又站了起来，走到国旗那儿指着说："蓝色，蓝色。"方老师很生气，严厉地批评了他，告诉他如果不经允许再离开座位就跟他的家长联系，从此，所有孩子都一动不敢动了。下课前，她检测孩子们对"颜色"的掌握情况时，发现他们记住的颜色不到教学目标的三分之一，更不可思议的是，有两个学生甚至趴在桌上睡着了。

经过一个学期的授课，方老师对美国学生有了更深入的了解，意识到在低年级的课堂上要动静结合，一堂课里要有多种多样的活动让孩子们做。后来，她在给幼儿园的班级讲"动物"主题时，改变了以往的"满堂灌"和"不许动"的授课模式，准备了几个活动给孩子们做：让每个孩子扮演不同的动物，做出扮演的动物典型的动作，让其他同学猜出动物的中文名字；让学生闭上眼睛听动物的声音然后说出动物的名字；和孩子们一起做动物面具或头饰，然后用它们做道具表演一个简单的短剧；还有边唱边跳的动物韵律操。孩子们都兴致勃勃地参与，边玩边学，一节课下来孩子们都恋恋不舍，抱怨中文课时间太短。更可喜的是，学生对知识的掌握情况明显变好，而且对中文学习更有兴趣了。

案例分析

方老师最初的教学方式不适合美国低年级的学生，尤其是幼儿园的孩子。让孩子整节课像士兵一样一动不动是不现实的、也是不科学的。儿童注意力能持续的时间十分有限，教师要不断地变化授课形式，每四至六分钟就应该更换一个活动，使孩子们保持学习的兴趣和继续吸收新知识的能力。方老师在第二学期对幼儿园的授课方式就完全符合儿童的学习特点，她采用多项活动，让孩子动起来，动静结合，而不是单纯地听教师讲，效果自然事半功倍。

案例二

开学之初，方婷老师在五年级的中文课堂上立规矩时采用了不同的方法。她心里已经有了一套课堂规则，但是她没有直接向学生公布。她给全班设立了一个制度的框架和范围，然后让学生参与具体条款的制订。这个范围很重要，有了范围学生就不会不着边际地列出与课堂无关的制度。学生们觉得他们不是在单纯地听教师宣布事先制订的制度，而是参与了课堂规则的制订过程，于是他们争先恐后地提出各种细则："老师说话时不要打断老师。""举手发言，不乱讲话。""上课不准吃零食。""不随便走动。"等等。

方老师和学生一起对他们提出的建议进行了总结，发现多数建议都和她提前准备的制度吻合。她又惊喜地发现学生们也提出了一些她事先没想到但又有意义的建议，像"不可以乱动老师桌上的物品""不经允许不可以把个人玩具带到中文课堂"等。为了用积极的方式引导学生选择正确的行为，方老师特地把学生们提出来的所有带"不能"的细则以正面的方式陈述出来，比如："老师说话时请安静；发言之前请举手；请爱护老师的物品"等，最终确定了课堂规则。方老师发现，学生们不但很愿意遵守自己制订的规则，而且在有同学违反规则时会主动互相提醒。

➔ 案例分析

这种让学生参与制订规章制度的方法非常可行，比单纯地把课堂规则“填鸭式”地灌输给学生更有效。学生会根据自己的理解制订规则，同时会觉得自己是制度的主人，因此更会主动地遵守。

小贴士

学生们用骰子做加减法示意

针对低年级学生好动的特点，教师在每堂课上应该准备五至六个活动，每个活动的时间不要太长，最好在五六分钟之内，然后更换另一个活动，活动之间切换要快，以免学生出现行为问题。上课时，不要为了完成教学计划而一味地讲课，不顾学生。教师要随时留心孩子们的反应，发现孩子们开始出现注意力涣散或疲惫的样子，就要马上更换活动。例如，教授数字时，教师可以利用“Bingo”游戏让学生练习数字的识别，当学生出现注意力不集中的现象时，教师可以立即换成做简单的加减法活动，这样学生就不会因为长时间停留在一个活动中变得呆滞、失去兴趣而产生课堂管理问题。

思考与应用

杨老师在五年级的班级里有一条规则是学生不可以随意走动。有一天上中文课时，有两个学生不经允许就到储物架取东西，影响了纪律，杨老师当场就扣了这两个学生的课堂表现分数，然后再次强调不经允许不可以随便走动。过了不久，当全班学生正在分组做活动时，Jack站起来到放置卷笔刀的地方去削铅笔，杨老师心想，Jack是一名好学生，平时都比较遵守规则，只是偶尔犯点小错误，问题不大，而且其他学生在做活动，也许没看到，所以没必要打断教学，于是没有给Jack扣分。你如何看待此事？

参考资料

【1】海伦娜 · 柯顿，卡罗尔 · 安 · 达尔伯格. 美国中小学外语课堂教学指南（第四版）[M]. 北京：外语教学与研究出版社, 2013.

附录：“打电话”活动

- **活动目的：** 学生通过不断重复所学词汇或句子达到口头表达的目的。学生也通过听和辨别发音听懂和推断词汇和句子。
- **沟通模式：** 口头表达 (Presentational Speaking)
  听力理解 (Interpretive Listening)
- **活动适用：** 小学、初中、高中
- **语言水平：** 初级、中级、高级
- **活动形式：** 小组、全班
- **活动属性：** 动态、静态
- **活动准备：** 需要练习的词汇、拼音或句子
- **活动步骤：**

1. 把学生分成两个或若干个小组，教师小声告诉第一个学生要练习的词语或句子。
2. 第一个学生在第二个学生耳边小声重复教师给的词语或句子。
3. 第二个学生再以此方式把听到的内容重复给第三个学生，以此类推。
4. 最后一名学生把听到的词语或句子大声说出来，说得最快又准确的组获胜。

【编者　何云赤】

02 初中和高中的课堂管理与学习者特点

背景

虽然同为外语教学，美国的中文课堂和国内的英语课堂却有很大的不同。首先，美国初、高中生的思维和学习方式和国内的初、高中生有很大的差异。其次，受到儒家文化的深远影响，中国教师的地位非常高，中国学生相比美国学生对教师更加尊敬；而在美国，教师带有一定的社会服务性质，所以教师要用精湛的课堂管理和教学技巧赢得美国学生的尊敬。想要成功地驾驭美国初、高中中文课堂，教师必须全面、深入地了解美国中文课和美国学生的特点，转变在国内教外语的方式，有针对性地调整课堂教学策略和管理策略。

课堂特点、学习者特点与管理策略

1 初、高中中文课的特点

教学模式上，美国初、高中中文课在不同的州、不同的学区都会有不同的形式。中文课在一些学校为选修课，在一些学校是必修课。在中文课为选修课的学校，学生往往对中文课兴趣浓厚，但选修中文课的人数可能会比中文是必修课的学校稍少。在中文课为必修课的学校，学校会更加重视中文课，但是也会出现因为学生是被“强制”要求学习中文，个别学生的学习动机不强的情况。不管是选修课还是必修课，美国课堂班级人数极少超过30人，个别选修课可能会不到10人，甚至更少。有些学校的中文课是按年级设置的，有些则是按照语言水平划分的，也就是一节中文课上可能会混合九到十二年级的学生。

时长上，不同学区或学校也有区别。有些学区是45分钟或者50分钟一节课，有些学区采用区块时间表（block schedule）、90分钟一节课；有的学校是每天都有中文课，有的是每隔一天有中文课（AB day形式）；有的学校一个星期有四次中文课，有的是星期一、三，或者二、四上90分钟，然后星期五再上40分钟的中文课。美国的初、高中每节课之间一般有3至4分钟的换教室时间，这段时间教师会留在教室，学生则利用这段时间去下一节课的教室。这种学生流动模式和国内大学很像，只不过换教室的时间很短。这种形式会给课堂管理带来一定的挑战：一是学生可能没有充足的课间时间去卫生间，因而会在课堂上要求去卫生间；二是学生没有充足的课间休息时间，如果学校一节课时长为90分钟，学生会很疲惫；三是没有充分的时间给教师与学生交流。美国学校之所以没有设置课间休息时间是因为在下课休息时间，学校很难确保每个学生都有教师的监护，这样做是为了避免学生在无人监管的情况下发生不当行为，保证学生的安全。

初、高中中文教师一般会有自己的教室，但是也会发生由于学校教室不足、需要教师流动的情况。如果教师有自己的教室，可以用学生作品和具有中国特色的物品布置教室。教师可以按照自己的意愿去装饰墙面、添置物品、摆放桌椅。只要是有利于教学的设计，都可以大胆尝试。需要流动上课的教师，因为借教室上课，很难按照自己的意愿布置教室，但是可以和被借用教室的教师沟通协调，共同布置。

以下是几种常见的桌椅摆放方式：

马蹄形桌椅摆放示意

小组式桌椅摆放示意

小组式桌椅摆放示意

美国不同学区的课程设置也有所不同。有些学校会选用教材；有些学校则没有教材，但会规定主题及话题；还有的学校既没有课程大纲，也没有教材，需要中文教师从头设计。一般来说，学校都有课程大纲（curriculum），规定了一学年的教学目标、教学内容和教学进度。整体而言，美国的中文教师相比国内的外语教师自主性更强，可以根据学生的水平适当调整教学内容和教学进度，但一定要以完成教学目标为前提，而且因为不能照本宣科地上课，教师的备课任务相对较重，要花很多时间精心设计符合教学主题和学生学习方式的教学内容。

2 初、高中生的学习方式和行为特点

中国的初、高中生基本不需要教师再重复基本的课堂要求，他们已经接受过一定的行为习惯训练，大多数学生能自觉在初、高中阶段认真听课、保持安静、集中注意力、举手回答问题等。但是在美国，学生个性更开放、课堂环境更加自由，尽管学生已经到了初、高中阶段，但是仍然需要教师有意识地去培养他们的一些基本课堂行为习惯。教师

要根据美国初、高中生的学习方式和行为特点，进行教学策略和课堂管理策略的调整。

● 初、高中生尊重规则

美国初、高中生并不会因为教师的身份而对教师言听计从，但是学生会尊重教师的课堂规则。一旦学生违反教室的规则，教师可以按照规则做出相应的行为纠正措施。如果教师没有在开学初就明确课堂规则和程序，在学生出现行为问题时才去纠正学生，一些学生可能就会质疑教师“课堂上并没有这样的规定”。有些经常有行为问题的学生可能还会错误地以为教师批评自己是因为讨厌自己，而不是自己的行为需要纠正。

● 平等的师生关系

由于美国并没有中国那么悠久的尊师重教传统，学生对教师不会有同等程度的“敬畏”之感。因此，学生和教师的关系也和国内不同。美国的初、高中生和教师是平等、相互尊重的关系。教师要赢得学生的尊重，一定要和学生建立相互信任的师生关系。学生感受到教师的关心和尊重后，才会同样地尊重教师。如果师生关系不融洽，教师在遇到课堂管理问题时试图以教师的权威地位去“压制”学生，学生大部分情况下并不会“买账”。

● 适应合作学习和课堂活动

美国的课堂很灵活，很少出现一堂课学生们都坐在座位上安静记笔记、听讲的情况。如果教师在美国照搬国内教学模式，学生们的注意力很快就会开始涣散。美国初、高中生更习惯于合作学习和小组探究学习。因此教师要设计很多课堂活动，让课堂更丰富、轻松、有趣。

合作学习示意

3 初、高中课堂管理策略

● 制订课堂规则和程序

制订良好的课堂规则和程序是保证一年教学管理成功的关键。规则和程序一定要在开学前制订完成，并在开学初的两周内在课堂上不断强化。在建立好完善、细致的课堂规则和程序以后，要让学生和家长阅读并签名。在以后的教学中，一旦学生出现行为偏差，教师在纠正学生行为时，就可以做到有理有据。规则和程序建立好了以后，一定要持之以恒，严格按照规则执行（具体可参考第二章第一节“制订课堂规则与程序”）。如果教师没有按照课堂规则去要求学生，教师的威信就很难树立起来。

● 明确课堂指令和行为期待

教师的课堂指令一定要做到明确、细致，要让学生们时刻知道教师对自己的行为期待。备课的时候，教师不仅要设计好教学活动，也要考虑如何下达指令才能够让学生快速、安静、有序地在活动和教学环节转换。学期初教师要和学生明确并演练开始活动和结束活动的信号。教师可以用一些手势或者口令做信号，如倒数、拍手等。教师解释活动流程和要求后，学生听到开始信号才可以开始活动；活动中，如果教师需要对全班说明某些问题，则用特定节奏拍手，学生听到后用特定节奏回应，安静下来听教师指示；活动结束时，教师倒数，倒数结束时，全班要结束活动，坐好，等待新指令。开学初的演练和一整学年的强化训练，能够让以学生为中心的教学活动更加有序。

● 建立良好融洽的师生关系

良好的师生关系可以从以下几个方面着手去建立：

（1）开学前：在开学前，教师可以写一封欢迎信或录制一段欢迎视频，发给学生和家长。在欢迎信或视频中，教师可以介绍自己、介绍中文课，并表达对学生的欢迎，让学生和家长对中文课有初步的了解。教师也可以将这一学年的教学规划和课堂规则发送给学生和家长，征求反馈意见。

（2）开学第一天：教师在教室门外迎接学生的到来，对每个学生微笑，和他们握手，给学生留下良好的第一印象。开学后的每一节课，都建议教师在门口迎接学生进入教室，这样既可以简单问候学生，亦可以让学生马上转换成进入中文课的角色。课堂管理从课前开始，如果学生能够安静、有序地进入教室，就会为一整堂课的安静、有序打下基础。

（3）眼神交流：在上课时，教师一定要和学生有眼神交流，可以和一个学生对视几秒后再转移视线到另一个学生，不要像在舞台上一样没有焦点地扫视观众。这样做的好处，一是通过眼神关注学生，让学生觉得教师很重视自己；二是教师可以通过短暂的眼神交流收集反馈信息，了解学生的接受程度和掌握程度。和学生时刻的眼神交流会让学生感受到教师的期待和重视，从而促进和谐的师生关系。

（4）了解、关心学生：每个学生都是有情感的个体，遇到一些挫折和打击的时候，会出现强烈的情感波动。父母离异、身体不适、比赛失败等，都可能会让初、高中生的情绪不稳定，在课堂上出现异常的表现。如果教师不清楚学生的遭遇而一味批评他们，会引起学生的反感和抵触。教师一定要关心每一个学生，可以单独和学生谈话，给学生理解和鼓励，也可以发邮件给学生，或者悄悄在学生桌子上留一张鼓励卡片。如果有学生收到大学录取通知、体育艺术比赛取得成绩或者过生日等，教师一定不要吝惜赞美和祝福。

（5）正面强化积极行为：一些国内赴美的教师习惯点名批评不遵守课堂纪律的学生。这种消极强化，既伤害了学生的自尊心，也在班级中营造出一种有很多学生不遵守规则的消极心理暗示。教师可以尝试在下达指令后，表扬班级内积极的行为，营造一种积极心理暗示。如果有的学生还是没有按照要求做，教师可以走到问题学生旁边，身体距离的接近会让学生意识到自己行为的偏差。当学生纠正行为后，教师要马上给予积极肯定。教师过度的批评会让学生产生自我怀疑，甚至反感，而适当的表扬既有利于保护学生的自尊心，也有利于培养学生的积极自我意识和自信心，从而营造积极的学习气氛。

- 设计符合学生认知习惯的教学活动

美国学生适应合作学习和小组探究的学习方式。教师在设计教学活动时，一定要让学生有机会和同伴合作，切忌长时间的枯燥讲解。另外，初、高中生的外语能力虽然有限，但是认知能力却足够完成复杂和有挑战性的任务。建议教师尽量避免幼稚的、适合低年级学生的教学活动，而是设计一些有深度的、符合中学生认知水平的、需要高层次思维的教学活动。例如在小学，童谣很受学生欢迎，小学生也愿意跟着歌曲唱唱跳跳，但是这类活动并不太适合初、高中教学。

- 调动学校和家长资源

如果教师尝试了各种方法去培养学生良好的课堂行为习惯，但个别学生仍然反复出现严重的行为问题，教师可以和家长或学校管理人员（如年级长、课程顾问、副校长等）联系，寻求支持。教师一定要把教室里发生的事情及时、客观地记录下来，以备日后查看、存档，也便于行政人员和家长的介入。不过，能自己解决的课堂问题，最好自己解决。新教师动辄把学生送到副校长办公室去，会削弱自身的威信。教师也可以加强和其他教师的交流，寻求其他教师的支持。例如，对于学校运动员，教师可以请教练协助解决一些运动员的行为问题；对于合唱团或者艺术团成员，教师可以寻求艺术教师和合唱团教师协助；对于特殊教育学生（SPED students），教师可以寻求学校特殊教育部门（SPED department）的帮助。和家长联系不仅限于报告学生的行为问题，也可以分享学生的进步和学习成果。保持频繁的沟通会得到家长对中文教师的支持。

- 问题行为的纠正

课堂管理最重要的是预防，即通过完善的课堂制度、明晰的指令、严格的监督让学生“无机可乘”。但是在实际教学中，总有学生出现行为偏差。一旦观察到问题行为，教师一定要及时进行纠正，否则学生会觉得教师对问题行为是可以容忍的，进而出现更严重的行为问题。

纠正行为问题可以分为三步：

（1）肢体接近和眼神接触。下达指令以后，教师要积极表扬按照要求执行指令的学生，营造积极的课堂气氛，促使班级其他学生向这些听从指令的学生学习。对于没有听从指令的学生，教师可以尝试用严厉的眼神和学生对视，并慢慢走近学生，给学生制造一定的心理压力。

（2）冷静重述指令。当肢体接近和眼神接触无法达到理想效果时，教师可以冷静地重述指令，例如：“Jack，请安静地拿出笔记本。”

（3）按规则给出相应后果。前文提到要在开学初制订好详细的课堂规则，规则里还要包括问题行为的后果。如果前面两个方法都不能纠正学生的行为问题，就要按照规章制度给出相应的后果。

需要注意的是，在美国课堂里有两种特殊的学生，即特殊教育学生和504学生（具体可参见第一章第二节“特殊教育学生的特点与课堂管理”）。这两类学生在身体或心理上有一些残疾或疾病，例如有的学生有糖尿病，有的学生有狂躁症等。对于这两类学生，教师要区别对待。开学初，学校的特殊教育部门和课程顾问会将这些学生的文件交给教师，也会告知教师这些学生需要的特殊照顾，例如他们可以在教室吃东西、座位要在教师旁边、考试要口试而不能有笔试等。美国法律规定，对于这两类学生的特殊照顾是教师一定要做到的，否则就会涉嫌违法。所以在平时上课时，教师的课堂管理也要结合这两类学生的特殊情况，做出适当调整。

案例分析

案例一

王伟老师在Apple High School 教中文中级班。班上有一个叫Sophie的学生最令王老师头疼。Sophie总是想找机会离开座位，经常举手要去削铅笔、去卫生间、去喝水或者去找其他科目的教师交作业。Sophie今天已经离开教室两次了，一次说是去喝水，一次说是去找课程顾问调整课程，但是现在Sophie又想离开教室去洗手间。王老师不想让Sophie离开教室，跟她说她已经离开教室两次了，不可以去洗手间。Sophie和王老师争执起来，认为去洗手间是基本人权，王老师不可以剥夺。

➔ 案例分析

王老师不让Sophie去洗手间是因为根据经验，Sophie离开教室多次并不是真正有事情要处理，而是趁机离开中文教室。但是，王老师没有明确的离开教室制度，在纠正学生行为时，无法做到"有法可依"。建议王老师在开学初就将离开教室制度明确写在课堂规则里，例如每学期可以离开教室五次，可以用于喝水、上厕所，每次不超过5分钟；超过5分钟，少于10分钟，记为两次；超过10分钟，需要下课留堂；如果一学期的中文课上都没有离开过中文教室，可以得到额外分数10分。一旦建立明确的制度，绝大多数初、高中生都能够对自己的行为负责。

除了离开教室的制度以外，完善的课堂程序和规则还要涵盖上课的各个环节和课堂上可能遇到的情况。教师可以在开学之初就制订好课堂程序和规则，在征求全班意见并确定以后，在整个学年中严格执行。

案例二

王老师的初级中文课上有一个叫Tom的学生。Tom性格非常外向，经常喜欢大声和同学讲话，还会时不时离开座位。这个问题王老师提醒了Tom几次，但是并没有效果。一段时间以后，Tom更加肆无忌惮了。王老师几乎每节课上都会花费大量的时间口头纠正Tom的行为，这让王老师很难流畅地进行课堂教学。由于Tom在中文课上精神不集中、不完成课堂作业、考试成绩也很差，导致第一学期总评成绩不及格。Tom的家长接到成绩单以后，马上向校长反映：Tom的其他学科成绩都是A和B，只有中文课不及格，一定是王老师的教学方式有问题。

思考之后，王老师在第二学期改变了课堂管理策略。王老师制作了三张警告卡，分别为绿色、黄色和红色。Tom第一次违反课堂规则的时候，王老师将绿色的警告卡放在他桌子上，提醒他。Tom第二次违反课堂规则的时候，王老师将黄色的警告卡放在他桌子上，这就代表Tom需要在课后留下和王老师谈话。Tom第三次违反课堂规则的时候，王老师将红色的警告卡放在他桌子上，这意味着他不仅要在放学后和王老师谈话，王老师还会根据谈话结果决定是否联系家长或者上报学校行政人员。除此以外，王老师还会让Tom做课堂帮手，帮教师收作业、擦白板等，这样既符合Tom好动的天性，也让Tom感受到王老师对自己的信任和期待，从而提高了课堂参与度。经过两个星期的努力，Tom的行为习惯好多了。王老师给家长写了一封表扬Tom进步的邮件，Tom知道后更加喜欢中文课了！

案例分析

相信每个教师都有一个或几个像Tom这样的学生。这样的学生会在开学初就不断试探教师的容忍度，一旦他们发现自己的不当行为只会得到教师的口头警告，而没有实际的后果，他们就会变本加厉，扰乱正常的教学秩序。第一学期，王老师始终口头警告学生，而没有更严厉的措施，而且没有及时与家长和学校行政人员沟通，因而导致被家长投诉。

第二学期，王老师的课堂规则更加明确、有层次，违规惩罚和奖励措施相结合，又调动了学校资源和家长资源，帮助王老师成功地解决了像Tom这样的学生的行为问题。对于活泼好动的学生，一味地压制有时并不能达到理想的效果。教师可以尝试让学生做一些活动或者给学生分配一些角色，例如王老师让Tom做课堂帮手，让学生有机会发挥主观能动性，培养学生的能力和自信心，让学生有参与感和成就感，也给部分程度高的学生更大的挑战。学生出现行为问题时的纠正措施，需要在学期初就让学生明确。除了王老师给学生发警告卡的方法外，教师还可以将这些措施写在课堂规则里，让学生在学期初就清楚这些规则。

案例三

陈玲老师在国内有十年的初、高中英语课教学经验和五年的班主任经验，是一位非常优秀的教师。今年是陈老师在Apple High School教授中文课的第一年，她要带5个班，每个班20多个学生。陈老师拿到学生名单的时候，暗自窃喜，因为在国内任教的时候，陈老师每个班里都有60多个学生。陈老师本以为，这么小的班级规模，学生们的听课效果会很好。第一节课，陈老师精心准备好教学内容，在班上滔滔不绝地讲起来，但是陈老师发现，学生们很难长时间认真听讲，也不会主动记笔记，很多学生在听了一会儿以后就开始玩手机、和其他学生闲聊，或者趴在桌子上睡觉。陈老师的指导教师王老师旁听了她的课以后，建议陈老师做一些以学生为中心的课堂活动，课堂上不要一直以教师为主导。陈老师听从了王老师的建议，尝试了各种各样的课堂活动，但是每次做活动的时候，班级秩序都很混乱，于是陈老师放弃了尝试，又回归了枯燥的教师授课模式。现在，在陈老师的严格管理下，班级看似很安静，但是真正学习的学生很少，课堂气氛死气沉沉。

案例分析

美国学生更加适合合作学习和小组学习，以教师为中心的课堂并不符合美国学生的学习特点，难以带来理想的教学效果，甚至还会成为很多课堂行为问题发生的原因。安静的课堂并不等同于高效的课堂，和教学相关的噪音被称为“Productive noise”，即有成效的噪音，是有助于教学的。教师在组织以学生为中心的教学活动时，可以适当运用一些策略，保证活动有序进行。例如，陈老师在开学初，可以用一些手势或者口令作为活动开始或结束的信号，以便学生迅速开始和结束活动，避免教学环节过渡造成时间的浪费。陈老师也可以尝试用分组竞争的方式来提升学生的课堂参与度。陈老师可以将学生分为几个小组，如果该组学生能够按照教师的期待和要求做出相应行为，如举手回答问题最积极、全组完成课堂活动最快或者教学环节转换最快等，则给该组加分，分数可以作为课堂表现成绩或者平时作业成绩的加分。陈老师还可以给学生一定的自主学习空间，激发学生的学习热情，例如让学生自己设计测验题、让学生有机会做小老师或者小助教，来帮助其他同学学习。总而言之，美国初、高中生需要一个能够协作、互动、自主的学习空间，教师要努力创设积极的情景培养学生成为主动的学习者，而非被动的接受者。

小贴士

对于初、高中学生来说，师生关系很重要，学生可能不会因为喜欢中文而喜欢教师，但是一定会因为喜欢教师而喜欢中文。教师要让学生感受到关爱、信任和肯定。但是，和谐、融洽的师生关系并不意味着课堂上教师可以纵容学生的不当行为或者在课堂上和学生谈论与教学无关的话题。教师要学会“恩威并施”，和蔼可亲的教师形象和有原则的课堂管理者角色并不冲突。

思考与应用

张老师今年刚到Apple High School任教。在开学之初，张老师制订了详细的课堂规则，在开学第一天发给学生，让学生放学以后和家长阅读，并要求学生和家长签名。但是，开学第一周，就有很多学生违反规则，比如提问不举手、随意离开座位、不认真听课等。张老师很疑惑，课堂规则已经非常详细，而且学生和家长刚刚阅读过，为什么学生第一周就出现这么多行为问题呢？你会建议张老师怎样解决这个问题？

参考资料

【1】Canter Lee. *Classroom Management for Academic Success*[M]. Bloomington, IN: Solution Tree Press, 2006.

【2】Fredric H. Jones，Patrick Jones. *Tools for Teaching: Discipline, Instruction, Motivation*[M]. Santa Cruz, CA: Fredric H. Jones & Associates,Inc., 2014.

【编者　陈丽】

03 特殊教育学生的特点与课堂管理（1）

背景

美国IDEA法令（*Individual with Disabilities Education Act*）是由美国国会颁布的“残疾个体的教育执行法”，其前身是“94-142公法（残疾学生执行法）”。这是每个美国教师都应知晓和了解的法令，即：美国每个残疾学生（文中称作“特殊教育学生”）都应获得免费的公立学校教育，享有满足其特殊需要的受教育权力。

“IDEA法令”规定所有3—21岁的各类特殊教育学生，不管残疾程度如何，都有权接受公立学校免费并满足其个体需要的特殊教育服务。美国学校的特殊教育服务包括自闭症、学习障碍等十三种（具体可参见《国际汉语教师生存指南·工作篇》（上）第四节“特殊教育学生”）。对于天才学生，美国学校也会有相应的高级课程对其进行差异化教学。

根据联邦法律（1973年《康复法案》第504条）（Section 504 of *The Rehabilitation Act*）的规定，每名残障学生均应获得免受歧视的保护。第504条要求，无论学生残障的性质或严重程度如何，公立学校都要向每名残障学生提供“免费的适当公共教育”（Free Appropriate Public Education，简称FAPE），为他们提供与同龄人同样接受教育和获得教育福利所需的便利设施、援助和服务。

针对特殊教育，IEP（Individualized Education Plan，个性化教育方案）起到了关键性作用。它是家长、学生和学校之间关于教育计划、目标和支援服务方面的法定协议，旨在增强学生现有的优势，解决学生遇到的挑战。

原则、策略与技巧

对待特殊教育学生的原则

IDEA法令（2004）中明确指出对待特殊教育学生应遵循以下原则：

（1）零拒绝原则，保证每一个残疾孩子都能接受合适的教育。

（2）鉴定与评估原则，学校对入学的特殊儿童应进行必要的了解和测评。

（3）免费且合适的公立教育原则，美国公立学校应给予特殊儿童免费且合适的教育。

（4）最少受限制环境原则，入学的特殊学生应该享受正常的就读服务，如校车接送等。

（5）家长参与原则，学校和教师应与特殊教育学生的家长建立经常的联系。

（6）正当程序保护原则，如遇到特殊学生突发状况，学校和教师应该有一套应急方案。

（7）辅助技术原则，为了配合特殊教育学生，教师应采用相应辅助工具进行教学。

（8）人员培训原则，对于特殊教育学生，应有特殊教育教师根据学生的具体情况进行个性化辅导。

特殊教育学生课堂管理策略

对待特殊教育学生，中文教学也应遵循以上八个原则。针对其中一些原则，我们对中文课堂教学有以下一些建议：

（1）零拒绝原则：教师应给予每一个特殊教育儿童和普通儿童公平学习的机会，给予适应他们特点的教学内容和教学方法。但不给特殊教育学生故意犯错的机会。

（2）鉴定与评估原则：教师要对特殊教育学生的学习进行有效的评测和后续跟进，不能因为特殊教育学生的特殊性而特殊对待、降低学生本人可以达到的标准。

（3）最少受限制环境原则：在特殊教育学生学习中文时，教师应给予其充分的物理空间（如辅助教师的座位空间）和适当的学习工具，帮助他们与普通学生进行学习协作与分工。

（4）家长参与原则：对于特殊教育学生的中文学习，教师可以制作个性化的档案文件，进行阶段性评估，并将结果汇报给家长，根据家长的反馈采取及时、有效的改进措施。

（5）正当程序保护原则：教师应该熟练掌握十三种特殊学生的突发情况的应对之道，了解特定情况下应该采取的合理正当程序，保护包括特殊教育学生在内的每一个学生学习的权力。

（6）辅助技术原则：中文教师在教学过程中，对于特殊教育学生需要的辅助技术，如电脑科技、硬件软件支持等都要给予支持。

（7）人员培训原则：教师在课堂教学中应该进行差异化教学，对优秀学生进行指导、培训，必要情况下可以让这些学生协助教师辅导特殊教育学生。

教师在中文教学过程中，对于特殊教育学生不仅要彻底贯彻以上原则，更应该多一些耐心、爱心和信心，以平常心对待每一个特殊教育学生，做到课堂管理的公平、公正。

案例分析

案例一

方婷老师教幼儿园四个班，每个班大约25人，属于“推门上课”（中文教师去不同班级教室上课）。每次上课恰逢幼儿园其他教师的备课时间，所以方老师教学时没有homeroom班主任教师在场协助。第二次上课的时候，班里有个小男生突然把鞋子脱了，扔到教室另一角，然后站在椅子上手舞足蹈。方老师及时制止了他，在给其他学生布置了任务后，她将该学生叫到一边了解情况。但是，该学生无法完全表达自己，说话的时候有轻微的口吃、吐字不清楚，自控能力也不足，导致方老师完全无法明白学生发生了什么。下课后，方老师找班主任教师了解情况，发现该学生在其他课上也是如此。后来班主任教师告诉方老师，只要学生守规矩，就给他奖励小礼物。可是好几次学生拿到了小礼物，仍然会钻到桌子底下。

经过一番调查，方老师从校学生顾问那里了解到该生的一些表现，比如不快乐、偶尔爆发的小情绪等，就是IDEA特殊教育服务中的emotional disturbance（情绪障碍）。该生会上蹿下跳、一刻不停地到处跑动，正是典型的ADHD（attention deficit hyperactivity disorder，多动症）的症状。而该生吐字不清算是现阶段的语言障碍，但是可能会随着年龄的增长被克服。在接下来的教学中，方老师和班主任教师、校长和家长一直保持联系并跟进了解该生的情况。

为了帮助该生，学校为该生配备了特殊教育教师，方老师也配合学生进行IEP的课堂个性化辅导教学。方老师做了以下调整：

第一，在学习环境上进行特殊照顾。方老师请特殊教育教师陪同该生在教室学习角落进行单独学习。学生在这个角落仍然可以看到整个班级的动态、参与班级活动。方老师还在该生的课桌旁边放了小玩具，以帮助学生放松。

第二，在时间安排上的特殊照顾。让该生有更长的时间来完成一项工作。比如其他的学生在10分钟内完成一个课堂练习，该生则可以花20分钟完成。根据情况，该生每隔5到10分钟可以在学习角落自由走动一会儿。方老师发现每次上课前20分钟，该生的注意力较为集中，而离下课还有10分钟左右的时候，该生会表现得非常焦虑，不停地捏手指或敲桌子。所以方老师将学生的主要学习时间都尽量安排在课前20分钟。

第三，方老师给该生布置了不同的作业。当其他学生需要完成词汇的读写和涂色时，该生可以在特殊教育教师的指导下，进行大声朗读，并且配以相应的动作，让该生尽可能通过动作释放压力和不安。如讲到食物单元的时候，其他学生在做吃汉堡包和喝可乐的涂色练习，而该生则不同：当特殊教育教师说到“吃汉堡包”的时候，该生要用嘴巴演示咬汉堡包以及咀嚼的动作；当听到“喝可乐”的时候，该生要演示出吮吸的动作，还要发出咕噜咕噜的声音。后来证明这样做效果甚好。

第四，课程设置上的修改。方老师针对该生的几个特点进行了个性化的课程编排，给予该生更多动作和口语方面的教学以及评估。比如在教学生兴趣活动的时候，该学生可以大声说“游泳”，并且边说边做出游泳的姿势；在讲到数字的时候，该生不喜欢用手指掰着数，而是喜欢边数数边跳起来，或者将玩具摆在桌子上，边数边叠成金字塔。

➔ 案例分析

方老师按照对待特殊教育学生的原则来进行了课堂管理。

第一，零拒绝原则。在上课的时候，方老师不会姑息特殊教育学生的不恰当行为，从而保证每个学生的正常上课秩序。

第二，鉴定与评估原则。方老师在学生第一次出现特殊行为时，就及时判断，告诉班主任教师，共同商量对策，也为后面特殊情况的发生提前做好了心理准备。

第三，最少受限制环境原则。方老师接受班主任教师的建议，对该学生进行正面积极引导，给予小礼物进行奖励，在一段时间内有效地管理了学生和课堂。

第四，家长参与原则。该生出现特殊情况后，方老师及时联系家长，保证特殊教育学生的情况能够得到家长的重视和学校的关注。

第五，正当程序保护原则。遇到学生的各种突发状况，方老师都及时、有效地联系班主任、学校和家长，做到积极干预。在保证大部分学生正常学习的情况下，方老师为了该生的个性化教学，十分用心，做到了各个方面的差异化辅导。

除此以外，方老师还需要从正当程序保护、教学辅助技术和人员培训三个原则着手去帮助学生。在遇到学生无法管住自己的时候，及时联系学校管理处，确认是否是特殊教育学生，以采取相应措施；在教学辅助上，可以给学生iPad让其进行中文自主学习，配合班上优秀学生的辅导，进行组队练习或者小组合作学习。而特殊教育教师的辅助比硬件设施更加有意义。同时，中文教师最好提前跟特殊教育教师面谈，了解每个学生的具体情况，寻求特殊教育教师的建议，并在教学和行为管理上做好准备。

案例二

李锋老师就职于Apple Middle School，教授七年级的Exploratory课程。整个七年级学生分成四批，一学年四个季度，一个季度换一批学生。第一天上课时，有两个学生由一个特殊教育教师陪同最后进了教室。上课期间，一个学生反应比较慢，不停地将左右手的两个手指触碰又分开，还会经常前后晃动，眼神避免和人直接接触，对于课堂指令似乎也听不明白，一直在摇头；另一个学生戴着眼镜，却仍然需要埋头贴近课堂练习才能看清楚。为了照顾积极活跃的大部分学生，李老师最开始并没有给予这两个学生足够的注意。

在课堂练习期间，李老师找到特殊教育教师了解情况，才知道这两位学生属于特殊教育学生，需要个性化的教学方案。第一个学生属于社交和交流障碍（简称自闭症），并伴有轻度听力障碍；第二个学生则属于视力受损。当天，特殊教育教师建议李老师直接给两个学生涂色的课堂任务。之后，让这两位学生坐到了特定的位置，在特殊教育教师的陪同下用手机程序学习中文。但是在特殊教育教师指导学习期间，一个学生看到某个视频受到了惊吓突然惊叫起来。

但是在接下来的日子里，李老师对两位学生采取了个性化教学方案。针对第一个患有自闭症和听力障碍的学生，李老师采取了以下教学策略：第一，在环境上的特殊照顾。李老师为自闭症的学生提供了一个单独的空间，以便特殊教育教师按照李老师的个性化教案对该生进行个性化辅导。李老师要求特殊教育教师时常鼓励该生面向班级，适时参加课堂活动，对于可以回答的问题，可以举手。第二，在教学任务方面的特殊照顾。李老师为了配合该生的特点，简化了教学任务。比如教学大纲要求的词汇和句型，针对该学生，李老师只选择关键的几个进行详细的教案准备。第三，教学方式上的特殊照顾。在班级集体考试或者练习期间，训练并纠正该生发音。特别是通过唇形模仿、视频和TPR（全身反应法）帮助学生掌握词汇，训练该生连贯表达的能力。第四，在反应方面的照顾。该生可以用更长的时间思考、回答问题，在该生回答正确的时候对其进行精神鼓励，并鼓励学生积极参与人际交往。

针对第二个学生的视力受损情况，李老师也做了个性化的教案。第一，李老师在表达方式上进行了特殊照顾。李老师在课堂上进行较多的听力输入，并且将听力录音单独发邮件给特殊教育教师，以便特殊教育教师指导该生进行反复的听力练习。针对该生视力受损的特殊情况，李老师还用电子听力书、视频等学习材料替代文字。在打印阅读材料时也会进行特殊处理，如每页显示内容较少、字号加大、间距加大，用不同颜色标注不同类型的词汇，帮助该生阅读。此外，李老师还允许该生用课堂录音代替笔记，并提供必要的书面指示，特别是简明的图标和视觉辅助。第二，李老师在发音方面也进行了特殊照顾。比如该生可以用录音设备记录口头回答，可以使用文字编辑器打字回答问题。第三，李老师也在时间控制上进行了调整。他允许该生用更长的时间完成练习或者考试。比如别人30分钟，该生可以55分钟，或者用几次课的时间来完成一次考试。第四，李老师还对该生的课堂作业进行了调整，比如根据情况来确定阅读文本的长度等。

案例分析

李老师的课堂管理遵循了辅导技术原则和人员培训原则。李老师从特殊教育学生的角度出发，让其借助各种数字资源，如手机程序等，进行语言学习。特别是征求了特殊教育教师的同意，并且指导特殊教育教师辅导特殊教育学生学习。

但是也有一些不尽人意的地方，李老师还应该做到：

第一，零拒绝原则。第一天上课的时候，李老师不应该为了班级大部分人的积极，而忽略了少部分人的被动学习。李老师应该留意特殊教育学生，及时给予这些学生个性化的教学。当然，在后期的教学中，李老师做得很好，对自闭症、视力和听力受损的不同情况都采取了相应的恰当措施。

第二，鉴定与评估原则。李老师在学生由特殊教育教师陪同进来的时候，没有做到积极沟通、恰当评估该学生的学习能力和背景，导致学生课堂练习完成度不高、手机软件学习受到惊吓。但是，在后期的教学中，李老师适当调整了教学任务，在教学大纲、教学方式以及课堂测评上进行了个性化照顾。这些灵活的教学措施，做得十分到位。

第三，最少受限制环境原则。李老师给第一个学生特定的安静环境，保证其免受打扰；第二个学生仍然和大部分学生一起。但是一个特殊教育教师需要顾及两个学生，时间无法充分利用起来。

第四，李老师没有做到家长参与原则和正当程序保护原则。李老师为了学生自学效果好，想到让学生用手机软件学习，但最终也受其限制，导致学生受到惊吓。李老师应该在上课之前，就提前关注每个学生的档案，向家长和学校了解每一个学生的情况，特别是特殊教育学生的特殊情况，提前有所准备。遇到特殊情况，李老师在第一时间给其他学生安排任务的同时，也应及时了解情况，知晓预案和紧急措施，如学生突然惊叫，该如何进行安抚、积极干预，以保证该生情绪得到缓和、其他学生学习不受影响。课后，应该积极和学校一同，向家长汇报，了解学生情况，做进一步处理和预案规划。

小贴士

对待特殊教育学生，新教师需要注意：

第一，充满爱心，去关注、关爱每一个需要爱的学生。面对班级的特殊教育学生，要主动关注他们的需要，进行个性化教学。也可以号召班级其他学生正视特殊教育学生的特殊教育情况，培养责任感。

第二，每次接手新班级之前，细细了解每个学生的特殊情况。针对特殊教育学生的特殊情况，提前和家长、学校和特殊教育教师沟通，并且预计突发情况、做好应急预案，尽可能做到全面。

第三，处理特殊教育学生的事情时，要及时主动、有效合理。

思考与应用

1. 黄老师的三年级班上有一个天才儿童，记忆力超常，对黄老师提到过的任何一个中文词汇、句子或者文化知识点，该生都印象深刻。每次做练习或者小组活动的时候，该生都可以十分迅速、精准地答对全部题目。过了一段时间，黄老师发现该生似乎没有积极性了。假如你是黄老师，你该怎么处理这类问题呢?

2. 王老师教授小学五年级，每次上课都有三个特殊的学生在同一节课上。一个学生有ADHD，经常离开座位走走；一个学生智力迟缓，无法完成课堂练习；还有一个学生有体力障碍，需要坐轮椅上课。这种情况下，王老师该如何进行课堂管理呢?

【编者 黄瑞】

04 特殊教育学生的特点与课堂管理（2）

背景

在美国，法律规定每个孩子都有平等接受教育的权利，公立学校要向特殊教育学生提供教育服务。和国内的情况不同，联邦法律要求特殊教育学生要尽可能与正常学生一起接受教育。因此，美国公立学校教师面对的学生群体可能既有普通教育学生又有特殊教育学生。教师们在组织教学活动和进行课堂管理时，一定要考虑特殊教育学生这个群体，这既是为了保证教学活动的顺利开展，更是符合美国教育法的要求。

原则、策略与技巧

1 特殊教育学生

美国IDEA法令规定，公立学校要为符合特定标准的3至21岁人士提供特殊教育服务。要获得特殊教育服务，学生必须符合IDEA涵盖的残障种类，并且需要特殊教育服务才能接受普通教育课程。IDEA涵盖的残障种类有：

（1）特定学习障碍（specific learning disability，简称SLD）：SLD涵盖了一些会影响孩子阅读、写作、听力、说话、推理或数学能力的障碍。典型的SLD包括阅读障碍（dyslexia）、书写困难（dysgraphia）、计算障碍（dyscalculia）、听觉处理障碍（auditory processing disorder）和非语言学习障碍（nonverbal learning disability）。

（2）其他健康障碍（other health impairment）：包括限制儿童体力、精力或注意力的一些症状。典型的例子是注意力缺陷症（attention deficit disorder，简称ADD）和多动症（attention deficit hyperactivity disorder，简称ADHD）等注意力问题。

（3）自闭症谱系障碍（autism spectrum disorder，简称 ASD）：自闭症谱系障碍主要影响孩子的社交和交流能力。典型症状是重复同样的动作，比如前后晃动、旋转等。

（4）情绪障碍（emotional disturbance）：包括焦虑症、精神分裂症、双相情感障碍、强迫症和抑郁症等问题。若有情绪障碍，学生有时会爆发不快乐、忧郁、消极等情绪。

（5）言语或语言障碍（speech or language impairment）：包括口吃、吐字不清或大舌头等。语言障碍随着年龄的增长可以被克服。

（6）视力受限，包括失明（visual impairment, including blindness）。

（7）耳聋（deafness）。

（8）听力障碍（hearing impairment）。

（9）盲聋（deaf-blindness）。

（10）骨科损伤（orthopedic impairment）。

（11）智力障碍（intellectual disability）。

（12）创伤性脑损伤（traumatic brain injury）。

（13）多重残障（multiple disability）。

每个符合IDEA的特殊教育学生会拿到一份个性化教育方案（Individualized Education Plan，简称IEP）。IEP是一份法律文件，列出了该学生需要的支持和服务。法律规定，学校和教师必须按照IEP向该学生提供服务，以保障学生平等接受教育的权利。

还有一些存在学习障碍和注意力问题的学生，不满足特殊教育或者个性化教育方案的条件，但是仍需要学校和教师为其提供特定服务。《康复法案》第504条（Section 504 of the Rehabilitation Act）规定，无论残障的性质和严重程度如何，公立学校都要向每名特殊教育学生提供免费、适当的公共教育。因此，这些学生很可能没有IEP，但是会有一份504计划（504 Plan），列出了学生需要的教学调整和服务，例如延长考试时间、优选座位等，教师也要依据法律规定，按照504计划，为这些学生提供服务。

下表是504计划和个性化教育方案的区别：

504计划（504 Plan）	个性化教育方案（IEP）
残障学生、有学习和注意力问题的学生	符合IDEA涵盖的十三类残障的学生
提供教学调整	提供教学调整和教学更改
主要由课程顾问、家长、教师等了解学生情况的人员制订	由IEP团队（包括教师、特殊教育教师、家长、学区心理专家、学区代表等）制订
可能是临时性的	个性化的特殊教育和相关服务，以满足学生的独特需求

2 特殊教育服务方案

504 Plan中会列出学生需要的教学调整（accommodation），IEP也会列出学生需要的教学调整和教学更改（modification）。教学调整和教学更改最大的区别是：教学调整是指通过改变某些教与学的方式（比如教学环境、教学时间、表达方式、反应形式、教学顺序等），帮助特殊教育学生达到和普通学生相同的学习目标；教学更改则是指改变学习的内容和目标，允许特殊教育学生学习不一样的内容（比如其他学生学分数的时候，特殊教育学生继续学习乘法），或减免某项作业，也允许教师用不一样的标准给特殊教育学生成绩。下面是具体实例：

- 常见的教学调整

（1）演示调整（presentation accommodations）：在阅读材料之外，提供听力录音；用电子听力书、电影、录像和其他数字材料代替文字资料；减少每一页显示的内容，使用大号字体；由专人读出材料；口头指示；以课堂录音代替记笔记；请其他同学分享笔记；提供授课大纲；使用图表或视觉上的提示；提供书面上的指示等。

（2）回应调整（response accommodations）：允许学生用更容易的方式回应（口头或笔头）；学生口述，由书记员笔录；用录音设备记录口头回答；使用拼写字典和电子拼写工具；使用文字处理器打字回答问题；使用计算器或数学辅助图示等。

（3）环境调整（environmental accommodations）：在一个单独的、安静的、干扰少的地方学习或考试；坐在一个有利于学习的位置（比如教师旁边）；使用特殊的灯光或听力设备；小组考试；使用帮助学生放松和释放能量的工具等。

（4）时间调整（time accommodations）：可以用更长的时间来完成作业或考试；可以用更长的时间处理口头信息和指令；提高休息的频率，比如每完成一部分休息一下等。

（5）日程调整（scheduling accommodations）：可以用更长的时间来完成一项工作；分几次或分几天来完成一个考试；在一天里固定的某一时间完成考试等。

（6）组织技巧调整（organization skills accommodations）：允许学生使用闹钟来管理时间；允许学生用马克笔标注文本；帮助学生组织学习材料；教授学生学习技巧和方法等。

- 常见的教学更改

（1）作业更改（assignment modifications）：减少学生的作业量；减少考试题目的数量；给特殊教育学生不同的作业或者考试内容等。

（2）课程更改（curriculum modifications）：为学生设计不同的教学材料；以不同的评分标准给学生成绩等。

3 课堂管理的建议

- 严格遵守并执行IEP和504 Plan

IEP和504 Plan中提到了学生需要的服务，这也是教师在课堂管理上应该运用的策略。

在学期初，每位教师都会收到自己学生的IEP和504 Plan，这些计划书里往往也包括给任课教师的教学策略与技巧方面的提示，因此教师一定要认真阅读。不管是布置教室环境、摆放桌椅，还是制订课堂规则和程序，教师们都要考虑特殊教育学生的情况，做出适当的调整。例如一位患有自闭症（Autism）的学生，IEP要求该学生需要同伴帮助和优选座位，教师则一定要在规划学生座位时考虑该学生的特殊需求。如果是一位患有多动症（ADHD）的学生，IEP要求该生应有机会在班级中走动或者离开教室，那这样的行为就不能算作违反课堂规则。如果是患有注意力问题的学生，IEP要求教师单独向该生重复口头指令，那么在教师向全班下达指令、而该生没有立刻按照指令做出反应时，教师不能认为该生不听从指令，正确的做法是按照IEP要求，走到学生旁边，向其重复指令。

● 寻求特殊教育专业人士的支持

如果学校有特殊教育部门，教师们一定要充分利用校内资源。新教师在特殊教育方面往往经验不足，而学校的特殊教育教师们则是该领域的专家。教师们一定要经常向他们寻求支持，不管是对某个残障症状不了解，还是对IEP的内容有疑问，都要及时向他们请教。当特殊教育学生出现行为问题，而教师们不知道如何妥善处理的时候，也要向他们请求帮助。特殊教育教师有责任和义务帮助教师们向特殊教育学生提供帮助和支持。如果教师对于504学生及504 Plan有任何疑问或者需要任何支持，都可以向校长和课程顾问等学校行政人员寻求帮助。

● 建立积极的师生关系

建立积极的师生关系对于特殊教育学生而言尤为重要。由于很多特殊教育学生有能力缺陷，他们面临更多的心理和学业方面的挑战。一些特殊教育学生可能由于这些缺陷而自我怀疑，或者缺少同学或朋友的理解和支持。如果教师能够给予这些学生多一些理解和关爱，和这些学生建立积极的关系，可能会给学生带来深远的心理影响。但需要注意的是，一些特殊教育学生，例如自闭症学生，可能会存在人际交流方面的障碍。教师在和自闭症学生交流的时候，如果提供的信息量太大、语速太快，学生可能很难理解教师所说的内容，甚至会出现抵触情绪，这是由于学生的大脑无法处理过载信息造成的。这时，如果教师期待自闭症学生的语言反馈，学生可能会保持沉默，拒绝沟通。但是，如果教师言简意赅，主次分明，在需要学生回应的时候用手势或者以文字替代口头回应，可能会收到比较好的效果。总之，教师在和特殊教育学生交流的时候，一定要结合学生的症状，找到恰当的交流模式。

- 特殊教育学生的纪律问题处理

特殊教育学生需要教师们按照法律规定向其提供服务和支持，但这并不意味着这些学生可以以自身的特殊状况为借口故意打扰其他学生的学习，或者故意破坏课堂秩序。在满足IEP和504 Plan的前提下，教师也要让特殊教育学生了解课堂的规则和程序，与其他学生一起营造安全、积极的学习环境。如果教师已经按照IEP向学生提供了所需的服务和支持，而学生仍出现干扰课堂秩序的行为，例如伤害其他学生或者故意（非特殊症状原因）干扰课堂教学，教师不能坐视不理，要适当指明后果，纠正学生行为，必要时可以联系特殊教育教师协同处理。

案例分析

案例一

方婷老师今年刚到美国Apple Elementary School 任教。由于方老师之前没有特殊教育的经验，再加上对于特殊教育情况不了解，也没有认真阅读开学初下发到每位教师手中的IEP文件，刚开学就遇到了大难题。方老师班里有一个名叫Jessica的三年级学生，上课时对教师的指令不听不理，还喜欢随意离开座位，在教室里走动，做任务的时候很容易被其他事情吸引，注意力不能集中。方老师用了很多方法让Jessica像其他孩子一样遵守课堂规则，但都无济于事。

方老师不得已，向学校行政人员请求帮助。从特殊教育教师那里，方老师才得知Jessica患有多动症，需要教师给予特殊教育服务。特殊教育教师还帮助方老师解读了Jessica的IEP，并叮嘱方老师要严格执行IEP的要求。仔细阅读IEP后，方老师按照IEP的要求，在教学和课堂管理上做出了一些调整：① 让Jessica坐在班级最前面正对着教师的座位，远离门窗，尽量让安静的学生坐在Jessica周围。② 对于比较复杂的学习任务，分步骤逐次下达指令，并确保她完成每一步后，再下达下一步指令。③ 尽量减少Jessica的课堂作业和家庭作业量，考试的试题分几天完成，每天完成一部分。④ 教给Jessica学习技巧，如使用表格、文件夹和流程图等组织课堂作业、学习材料和家庭作业。⑤ 经常提醒Jessica集中注意力，并用时钟提醒她，每十五分钟或者完成一个任务后，允许她放松两分钟，让她去教室后面不打扰他人的地方活动一会儿。按照IEP调整了教学和课堂管理策略以后，Jessica不仅中文学习有了进步，干扰他人学习的现象也少多了。

➔ 案例分析

多动症的孩子常见的表现有：难以听从指令，尤其是过长或者包含多个步骤的指令；喜欢通过离开座位或者随意说话的方式吸引他人注意力；容易忘记写作业或者将作业带到学校；缺乏自控力，无法长时间做复杂的工作；无法集中注意力听教师讲课等。这不是学生故意为之，而是由于其本身的特殊症状造成的。多动症是IDEA涵盖的特殊教育的一种，因此，教师如果遇到多动症的学生，应该会在开学初收到该学生的IEP或者504 Plan。教师要按照文件要求提供服务和支持。有些多动症学生需要药物帮助，服药以后学生症状会明显减弱。教师可以和特殊教育教师沟通，了解学生的具体情况。由于教师在多动症学生身上要投入大量的时间和精力，为了避免打乱正常的教学节奏，建议教师创造一些和多动症学生交流的手势或者信号来提醒学生。例如，教师可以和学生事先约定，如果学生注意力不集中，教师则会轻轻敲白板三下来提醒；如果学生和周围的同学说话，教师则会静静地举起右手，示意该学生。如果该学生在约定时间内没有出现行为问题，教师可以适当奖励。这样既避免了因为纠正某个学生的行为问题而打断教学的流畅性，也让课堂管理更高效。

案例二

杨龙老师在Apple Middle School任教。杨老师的班级里有一个患有自闭症的学生，名叫Jack。杨老师在开学初收到了该学生的IEP，认真阅读后，他按照IEP为Jack提供了支持和服务，包括：为学生选择远离干扰的座位；为学生安排一个能够帮助他学习的同桌；允许学生携带降噪耳机上课；提供每节课的笔记；简洁明了地下达课堂指令；提醒学生集中注意力；缩短阅读材料的长度；鼓励其参与课堂活动等。但是，杨老师发现，虽然已经向Jack提供了所需要的服务，他却并不接受。例如，Jack不接受和其他学生坐在一起，坚持一个人坐在教室后面；教师在向其布置课堂任务的时候，Jack也很排斥；杨老师询问Jack是否需要帮助，他也不会做出任何回应。有一次在课堂上，杨老师无意中看到Jack在纸上写：“They don’t like me. They don’t recognize me anymore. Don’t talk to me. I don’t need friends...”杨老师才意识到，原来Jack需要的不仅是教学上的支持，更需要情感上的关怀。

后来有一次在体育馆里，杨老师发现Jack篮球打得非常好，就夸赞了他，还和他一起打了一会儿篮球。在以后每节中文课上课前，杨老师都会热情地和Jack打招呼，欢迎他来到中文课堂。每次Jack完成了一个课堂任务的时候，杨老师都会给予肯定和鼓励。下课以后，杨教师还会邀请Jack来中文社团参加一些活动。慢慢地，杨老师发现，Jack逐渐愿意和教师及同学们沟通了，对于教师布置的课堂任务也不排斥了。

在Jack开始和教师及同学们交流以后，杨老师又上网查阅了很多关于自闭症的材料，并且向特殊教育部门的教师请教了一些教学上的策略。除了提供IEP的服务外，杨老师每节课前都会给学生一张课堂清单，明确写出本节课的学习任务和教学环节。杨老师又为Jack准备了一个计时器，用于监测Jack完成每个学习任务的时间。每次Jack在规定时间内完成清单上的一项，就在该清单上标注出来。在杨老师的努力下，Jack终于能够基本完成每节课的学习目标了。

➔ 案例分析

自闭症是一种谱系障碍，有些人只有一些轻微的症状，有些人则会有许多严重的症状。常见的自闭症谱系障碍的症状有：语言理解能力障碍，例如理解不了肢体语言和幽默讽刺的修辞方法；感官输入障碍，例如周围环境很小的声音都会让学生听觉信息过载；需要固定的日程安排，日程的变化会让学生烦躁不安；难以理解其他人的观点和感情；需要被清楚地告知活动或任务的开始时间和结束时间等。在帮助自闭症学生的时候，教师要注意语言简洁明晰，给出活动的时间范围，分步骤指示学生应该完成哪些任务，最好每节课上课时给学生明确的日程表，让学生清楚本节课的结构。除此以外，和学生建立积极的关系也是成功帮助学生的关键。对于自闭症学生或者其他特殊教育学生来说，教师的鼓励和支持尤为重要。如果发现学生的优点，教师一定要不吝赞美，让学生相信自己也能成功。

案例三

张丽老师在Apple Elementary School 任教。张老师的学生Amanda有阅读障碍，对于识记汉字有很大的困难。如果以文字的形式呈现一段材料，Amanda无法阅读和理解。但是如果教师帮助她读出声来，Amanda则可以理解阅读内容。Amanda的IEP要求教师要向学生提供阅读帮助，要向学生读出学习材料的内容。但是，张老师的班级上有近三十个学生，除了Amanda之外还有其他两个特殊教育学生和五个504学生。张老师分身乏术，根本无法做到将每段文字都给Amanda读出来。但是，如果不为学生提供这样的服务，又是违反联邦法律的。张老师进退两难，于是向特殊教育部门的教师请求帮助。特殊教育部门非常理解和支持张老师，派来一个助教，协助张教师教学，但是助教不会说中文，也无法向Amanda提供阅读帮助。于是张老师想了一个办法，将每节课需要阅读的材料提前录音，交给助教。当Amanda需要阅读支持的时候，助教就给Amanda播放录音，这样就解决了向Amanda提供IEP帮助的问题。而且，助教在班级的时候，还能帮助张老师管理课堂纪律，解决一些课堂管理问题。

案例分析

如果一个班级学生人数较多，且特殊教育学生人数比例较大，往往会给教师带来很大的挑战。由于教师们的精力有限，而为特殊教育学生提供教学服务又是法律的要求，很多教师在执行IEP时，会力不从心。这时候，一定要及时和特殊教育部门和学校行政管理人员联系，获取支持和帮助。当然，很多学校可能没有中文助教，但是教师们可以像张老师一样，想一些办法去克服这些困难，而最方便的方法就是使用科技手段。对于有阅读障碍的学生，可以用录音；对于有书写困难的学生，则可允许学生以电子文档的形式提交作业。如果需要电子器材（电脑、软件、耳机等），则可以直接向特殊教育部门申请。除此以外，教师还可以尝试小组学习和同伴帮助的形式，让学生之间互相帮助，取长补短。教师们要充分调动班级和学校的人力资源和技术资源，尽量让自己的课堂满足每个学生的需求。

小贴士

美国《家庭教育权利和隐私法》（*Family Educational Rights and Privacy Act*，简称FERPA）和IDEA法令都充分保护特殊教育学生的隐私。法律规定，所有与学生有关的信息（包括文件、IEP、通信等）均为机密信息，教师和学校不可以随意泄露。学生的IEP不可以放在其他人能够接触到的范围内，如桌子上或者电子屏幕上；教师不能和无关的同事谈论特殊教育学生；不可以跟任何学生提及或者谈论班上某个同学的特殊情况；不可以向特殊教育学生的医生要求更多信息等。

思考与应用

开学初，王老师收到了一份某学生的504 Plan, 列出的教学调整和教学更改如下。请帮助王老师解读这份504 Plan并提出具体做法和建议。

Apple High School Section 504 Student Service Plan

Student ID: ******

Student Name: **

Age: 17

Date of Birth: **/**/**

Academic year: 2018-2019

Grade: 12

Date of Plan: **/**

Type of meeting generating Plan: annual review

Area of impairment from last evaluation: ADHD

Signature of 504 coordinator or other verifying delivery of Plan: **

Required services & Accommodations：Instructional Accommodations

(to be continued)

(continue)

The following form is used to document the student's placement under Section 504.

preferential seating
reteach difficult concept
cooling off period inside classroom
reminders to stay on task
small group administration

Notes: ______________________

【编者　陈丽】

05 低收入少数族裔家庭学生的特点与课堂管理

背景

在课堂管理中，低收入少数族裔家庭的学生是一个不容忽视的群体，客观外在的原因以及他们的主观心理因素导致的一些行为习惯的确给课堂管理带来了很大的挑战（也有很多低收入少数族裔家庭重视教育，本节只探讨造成课堂管理问题的这一群体的学生）。他们出现行为问题的原因主要有两方面：客观上，缺失积极正确的家庭教育，面临可能存在的社会歧视；主观上，他们往往有敏感的心理状态、反抗的应激反应和消极的应对方式。因此学校教育就显得尤为重要，作为教师，我们应当重视这个特殊的群体并给予引导和帮助。

原则、策略与技巧

原则：既教书又育人

中小学生的心智是不断发展变化的，教师的正确引导非常重要。我们身为中文教师，虽然学科任务是教授中文和中华文化，但是对于还在成长阶段的中小学生，育人也是我们的重要职责之一，尤其是缺失家庭教育或缺失正确引导的学生，以及存在不良行为习惯和消极观念的学生，教师更要积极引导。在处理这些学生的行为管理问题时，教师要抱着教书育人、以身作则的指导思想。学生的语言能力需要培养，行为习惯也是可以习得的。教师不仅需要告诉他们哪些行为是正确和恰当的，更要身体力行，向他们演示正确的行为，并且有意识地培养和训练他们，帮助他们养成良好的行为习惯。

策略：了解并理解，有针对性地解决问题

了解低收入少数族裔学生所在的家庭和社区是非常重要的，往往是这些环境对他们不良行为习惯的养成形成了深刻的影响。这里举一些实例，帮助教师们大致了解低收入家庭学生的现状：在学校里领取免费午餐或打折午餐的学生都是家庭困难的学生，他们全年家庭收入一般低于25,000美元，一家老小挤在一间政府救济房中生活，领取政府发放的食品救济券，全家可能只有一辆车或者没有车，每天可能要面对交通、食品、疾病等各种现实问题；有的住在不良社区，更有甚者受到家人或社区影响已加入当地黑帮，参与毒品贩卖；还有的学生家人面临牢狱之灾或已入狱，目睹或参与过帮派斗争，枪

战、毒品、死亡可能已是他们生活中司空见惯的事情。他们所面对的生活是我们无法想象的，所以了解他们的真实情况有助于我们更好地理解和帮助他们。

有些学校会提供一些模拟贫困家庭的培训活动（见附录2），帮助教职员工去体验和理解这些家庭和学生。低收入少数族裔家庭的生活条件艰苦，大多数家长教育水平受限又疲于为生活奔波，很难顾及孩子的教育。他们生活的社区也有可能会带给他们一些不良的影响，造成他们安于现状或消极对待教育问题。这些都需要教师与同事、学生及家长积极沟通，发现问题，从而有针对性地解决问题。

技巧

1 与学生建立良好的关系

与学生建立良好的关系是预防和解决问题的第一步。很多来自低收入少数族裔家庭的孩子，因为缺乏关爱，会用极端的行为来故意制造麻烦，成为众人注目的焦点，也通过频繁出入校长办公室来获得“关注”。有的学生加入帮派，其实是为了寻求心理上的认同感和找到类似“家庭”的归属感。因为这些孩子大多敏感、叛逆，所以和他们交谈的时候教师可以尝试使用以下几个技巧：① 放下教师的架子，不急于批评他们，试着去发现和关注这些孩子身上的闪光点，比如会画画、擅长跳舞、汉字写得好看、热心帮助别人等。② 有意识地给他们安排任务，让他们发挥自己的特长、找到自信心和培养责任感。比如，让写字好看的学生每天在白板上更新当天的日期；让声音洪亮的学生每天在教室门口迎接和问候其他同学；让热心的学生当教师的小帮手，收发作业、控制电脑等。③ 尊重学生，给学生表达自己想法的机会，特别是有行为问题发生、教师需要了解情况的时候。这样有利于在不引起学生反感的前提下对学生进行引导，提出合情合理的建议，最终帮助学生做出正确的选择。

2 主动联系家长，获取家长的理解和支持

教师可根据了解到的情况，提前和家长联系并建立友好的关系。不论是看到学生的闪光点，还是发现一些行为问题的苗头，都可以让家长知道。在一开始就获得家长的信任和支持，可以避免出现问题后双方产生对立。

学生出现错误行为以后，教师要及时和家长沟通。跟家长电话沟通可能会有两种结果：一种是家长理解和支持教师，愿意配合教师的工作；另一种是家长不重视中文这门课，也没有时间和精力去管孩子，认为这是教师的责任。这种情况下教师可以上报至学校，让学校了解情况，并探讨解决方案。

3 积极与同事和学校管理层沟通合作

由于低收入少数族裔家庭的成员大多比较敏感，为了更好地解决问题，教师可以先和同事说明情况，获取信息、经验和支持；积极利用学校管理机制，根据情况，可以上报至学校相关部门和学校领导，积极沟通合作，探讨解决方案。

4 坚定、严格执行责任后果制度

设立了规则和责任后果制度以后就要坚定地执行。一方面要循循善诱，尊重学生，让学生有机会表达自己的想法，帮助学生做出正确的选择；另一方面要严格执行责任后果制度。

主编的话

黄绍裘在他的《如何成为高效能教师》中说过："成功与家庭背景、种族、民族血统、经济状况甚至教育成就之间没有绝对的相关性，成功只有一个相关因素，那就是态度。"

所以不要因为学生的家庭背景、经济状况和成长环境而降低对他们的期待值甚至弃之不管，只要我们认真地对待、正确地引导，帮助他们树立积极向上的态度，他们一样可以获得成功。

案例分析

【背景介绍】Apple Middle School（以下简称AMS）是一所公立中学，学生共计850人，非裔占70%，白人占15%，西班牙裔占10%，低收入家庭学生占到80%，学校在全州600所中学里排名第580位。学校共设有3种语言班：西班牙语、法语和中文，和艺术、乐队、体育、商业/电脑、家庭消费科学一样都属于Connection Class（类似于选修课或副科），分A、B day进行教学，每节课90分钟，每天3节课，周五不定期开展俱乐部活动（每节课55分钟，俱乐部1小时，共计4节课）。语言部门共四位教师，两位西班牙语教师和一位法语教师，都是当地教师，张丽老师是唯一的外籍教师。学校处于变革期，学校管理及学生管理都具有很大的挑战性，教师更迭频繁。

案例一：师生关系

AMS中学80%的学生都来自于低收入家庭，学生的居住环境和社区影响都不太好。开学第一天，张老师站在走廊里跟学生们热情地打招呼，却没有几个人理她，她很不能理解这是怎么回事，有些失落。但她还是及时调整好自己，准备第一节课的教学。一开始她用PPT展示自己的家乡，学生逐渐有了兴趣。接着她简单地用中文做自我介绍，学生开始发笑，她很疑惑。但为了不影响课堂顺利进行，她严肃地说“别笑了”，并再次调整心情。打开地图，她讲到自己曾经在其他国家进行中文教学，非常开心能来美国分享自己的语言和文化，她还讲到自己的赴美旅程，乘了十几个小时飞机从家乡来到这座城市。学生颇有兴趣地听着，这时突然有人说“just like a slave”，学生开始笑起来。张老师又震惊又难过，不知道为什么会这样。为了课堂顺利进行，她调整情绪、整理课堂，教了几个简单的问候语，开始用击鼓传花的方式进行活动操练。这时音乐突然放不出来了，有个小女孩主动提出帮助张老师放音乐，正在犹豫之时，一首充满着污秽词语的饶舌歌曲从女孩的手机里传来，班上又是一阵哄堂大笑……课后张老师非常沮丧。

案例分析

强烈的文化冲击让张老师无所适从，主要是因为张老师对这一群体文化不了解。当张老师热情礼貌地打招呼时，学生不知如何正确应对，是因为学生缺乏礼仪意识，再加上这也可能是他们第一次接触主动和他们交流的外国人，他们觉得十分陌生也有距离感，这种情况下，教师应当给予理解并教他们如何礼貌地回应。另外，也有可能在这些学生居住的社区里，人们不习惯跟陌生人打招呼。在有些社区，有的家长为了学生的人身安全，会告诫子女如果有陌生人跟他们搭讪，他们要装着没听见，千万不要理睬。

面对一门新的语言，完全不同的发音方式，会让学生们觉得好笑，教师应当有意识地培养他们积极接受新事物的意识。不恰当的词语和行为，是对教师的不尊重，也是对其他同学的不尊重，教师要教他们尊重与爱。教师首先要了解和理解学生这些行为的原因。有些学生的父母从早到晚忙于工作，养家糊口，无法给予子女足够的关注；有些家庭是单亲家庭，这样家庭的子女常常会感到自己在家庭里没有得到这一年龄段的孩子渴望得到的关注和认可。 学生常常会把来自家庭的这些负面情绪和影响带到学校，带到课堂。这些学生在课堂上的不良行为有一些是为了引起教师的关注和其他同学的认同。其次，教师要和学生沟通，告诉他们哪些行为是不恰当的，要对自己的言行负责。最后，如果是学生有意为之，就要他们为自己的言行承担后果。

案例二：家校沟通

张丽老师为了提升学生学习中文的兴趣，设计了很多有趣的课堂活动，学生的学习热情逐步提高。这让张丽老师非常开心，但一些课堂管理问题也逐渐显现。尤其是六年级，进行小组比赛时，输的那一组会很沮丧，有些学生就开始扔书，表达抗议；赢的那一组就开始载歌载舞半天都无法平静下来。张丽老师跟学生进行了一次严肃的谈话，有了很大好转。但有一个学生Tom却依然我行我素，时不时地绕着教室跳舞、大声唱歌，张丽老师非常头疼，当着全班的面严肃地批评了他，这时Tom开始争辩起来，还大骂了一句“bitch”。张丽老师立即上报了副校长，副校长联系了家长。下午Tom的家长气势汹汹地来找张丽老师，经过交谈才得知Tom有ADHD，由于学校相关部门的疏忽，张老师事先并未得到特殊教育学生的文件。他们家境困难，再加上父母两人生活和工作的负担都非常重，以至于Tom经常不能按时服药。父母两人很气愤没有任何前期沟通就因为这点“小事”被叫来学校而无法正常去上班工作。

案例分析

张丽老师在发现Tom的异常行为时没有从任何渠道及时了解学生情况，既没有找Tom的其他教师进行沟通，也没有找家长沟通，更没有针对前期的错误行为给予惩罚的措施，这些都造成Tom更加我行我素，直至问题恶化。教师没有提前联系家长，从而导致家长产生敌对情绪，这是这一案例失败的主要原因。

张丽老师发现学生异常应当及时做好相关的记录，第一时间上报或与相关部门进行沟通，获取信息以寻找解决方案，并及时联系家长。低收入家庭很可能没有电脑和网络，一般学校会建议教师打电话联系家长。在与家长沟通时教师要谨记，沟通的目的是为了获取家长的理解和支持，可以先指出学生的闪光点，缓和家长的敌对情绪，再具体举例说明学生出现了怎样的问题，作为教师和家长我们要如何站在同一阵营帮助孩子在课堂上取得成功。在本案例中面对家境困难又工作繁忙的家长，孩子由于多种原因无法服药，在学生无法控制自己的行为时，我们应当采取一些策略，比如设定特定手势，当学生需要时允许学生在走廊缓和情绪，但要注意学生的安全问题，打开教室门，保证学生在教师的视线内。

另外，此案例中在学生出现影响课堂的行为时，教师应当严格执行责任后果制度，不能心软，如果放任自流，学生就会觉得无所谓了，所以当问题出现时，教师不能只是讲道理，更要遵守责任后果制度。

案例三：与学生沟通

随着对学生的了解，张老师根据学生特点设计了相应的课程，课堂教学逐渐顺利起来，可总有一个学生无论做什么都提不起兴趣，还总是说话影响别人。课下张老师找他谈话，了解到他的母亲有五个孩子，不上班领政府补贴也可以生活，他觉得学习没有什么用，学中文更没有什么用，所以他不想做作业。但张老师发现，他时而能答出几个问题，于是张老师在课堂上夸奖他有语言天赋。在后面的交流中张老师总是鼓励他，并有意无意地说将来或许他可以当一个翻译，还可以来中国旅游，后来他上课的态度变得越来越积极了。

另一个学生Jack因为朝教师吐口水被其他学校开除。来到AMS不久，又因为用鞋子砸向教师，受到校外停课（out-of-school suspension）的惩罚。回校后他又在体育课上和其他同学发生冲突，因而被调到了美术课。在美术课上，因为捣乱、破坏材料，Jack最后被转到了张丽老师的班上。在了解学生背景后，张丽老师做好心理准备，并非常关注这个学生。张丽老师时刻寻找这位学生身上的闪光点，没有先入为主的偏见，在他答对问题时及时夸奖他，让他做课堂的小助手，从而让他在课堂上找到了自己的价值。但在一次课上Jack未经允许拿出手机玩，张丽老师提醒了两次都没有作用。于是她把Jack叫出教室，询问他玩手机的原因，他说是因为他收到了妈妈的信息（家庭问题）。张老师对此表示了理解和同情，但还是说明在课堂上需要经过允许才可以使用手机，并对他说他可以成为教师最好的助手而不是一个问题制造者，并表达了对他的坚定信心。自此他再也没有给张丽老师找麻烦。

案例分析

教师与学生沟通一定要积极，如果教师总是鼓励和称赞他们，他们就会越来越好。所以教师要抱着积极、正面的态度与学生谈话。无论他在其他教师面前是什么样子，教师都不能带有偏见，要相信每个学生都有闪光的一面，放大优点，帮助他们纠正不良的行为，真心实意帮助他们获得成功，相信他们，教师就可能会成为那个改变学生一生的人。

案例四：同事沟通合作

第一学期结束了，张丽老师坚持了下来，并且在课堂管理上有了很大的进步。然而很多教师因为无法适应这个学校充满挑战的教学环境辞了职，第二学期部门又来了几个新教师。由于张丽老师第一学期在课堂管理上的进步，学校对她的课堂管理有了自信，这让她非常开心，但也因此课程顾问在第二学期排班时，给了她很多令人头疼的学生。为了减轻新教师的负担，她的学生人数也比第一学期多了一倍，这对张丽老师来说是一个很大的挑战。在学期开始，每个班都有几个学生根本不服从管理，于是张丽老师主动找他们的班主任了解情况，发现这些学生令全年级都很头疼。因此她和一些家长进行了电话会议，还邀请了另外一些家长来学校和所有任课教师开了家长会，试图解决问题。在一段时间里学生表现有了很大的进步。但不出几日，这些学生的课堂表现又恢复原样。他们的行为让张老师无法正常开展课堂教学。最终张丽老师决定和课程顾问及校长讨论排班的问题，详细讲述自己采取的策略和解决方案。但是多个问题学生在同一个班上，实在无法进行教学，这对班上其他想学习的学生是非常不公平的。于是张老师提出是否能将几个问题学生调到其他班，校长给予了支持。

➔ 案例分析

张丽老师积极主动向同事和领导寻求帮助，面对多个问题学生被安排在同一个班里的不合理问题，花费了很多时间和精力去研究解决方法。然而结果依旧收效甚微，于是她向排班部门和校长反映了情况。问题学生绝对不是单凭一己之力就可以解决的，教师要学会沟通合作，家校联系、共同商讨解决方法才是正确的应对之道。另外，张老师把自己为解决这些学生课堂上不良行为所做的努力都做了翔实的记录，全面汇报给了校方，有理有据地强调把这些学生调离中文班的目的是为了让班上的其他学生学好中文，因此这一问题最终得到了有效解决。

小贴士

- **尊重与爱**

低收入少数族裔家庭的学生，他们的家庭或社区环境很少给予他们尊重与关爱。他们的家长大多时候无暇顾及孩子的教育，教师在他们的成长过程中则发挥着举足轻重的作用，有时甚至超过家长，所以作为教师要懂得聆听，用心了解、学会理解，给予他们尊重与爱，才能帮助他们成为更好的人。

- **沟通合作**

问题学生的成因都是很复杂的，只有了解真实、全面的情况，家校联系、共同商讨，积极沟通合作，才能全方位地帮助学生成长，获得成功。

思考与应用

在学习汉字的时候，张老师用PPT展示象形字并进行抢答活动，让学生猜每个汉字是什么意思，猜对的学生有奖励。学生很兴奋，都在喊答案。在出现“虎”这个象形字的时候，张老师一直没有听到正确的答案，最终张老师就自己说出了答案。这时班上一个学生就说他刚刚已经说出了答案。张老师说因为很吵所以没有听见，于是他就说：“Because Chinese have closed eyes and closed ears.”紧接着就有三四个学生笑了起来。

如果你是张老师，你会如何处理这样的情况？

参考资料

【1】Vanessa Green, Sue Cherrington(Ed.). *Delving into Diversity: An International Exploration of Issues of Diversity in Education*[M]. New York: Nova Science Publishers, Inc, 2010.

【2】Laura E. Pinto. *From Discipline to Culturally Responsive Engagement: 45 Classroom Management Strategies*[M]. Corwin: A Sage Company, 2013.

【3】Harry K. Wong, Rosemary T. Wong. *The First Days of School: How to Be an Effective Teacher*[M]. Mountain View, CA: Harry K. Wong Publications, 2009.

附录1：双语例句

建议多用的双语词句

❖ 与学生沟通

1. Please help me understand your behavior (need to be specific about what exactly the misbehavior is) ... 请解释你这样做的原因。（需要具体指出不恰当的行为是什么）(While other students are doing lesson-related independent work, take the student to the hall way and say the above sentence instead of confronting the student in front of the whole class.)

2. I like you in my class, (give some examples), but...

   我很喜欢你在我的课堂上，你很……（举些具体的例子），但是……

3. I know you can do it./ I believe in you.

   我知道你肯定可以做到。/ 我相信你。

❖ 与家长沟通

1. He is a good kid. I like him. But... . So I really need your support.

   他是一个好孩子，我喜欢他。但是……，所以我很需要你的帮助。

2. I really appreciate your understanding, let's work together to help him to be successful.

   我很感谢你的理解，让我们共同努力帮助他获得成功吧。

不建议使用的双语例句

❖ 与学生沟通

1. Forget about it. I don't think you can do it.

   算了，我估计你不会做。

2. Shut up. Get out of my class.

   闭嘴。滚出我的教室。

❖ 与家长沟通

1. He is really bad in my class.

   他在我班上表现太差了。

2. He is just not good at...

   他就是不擅长……

附录2：模拟贫困家庭的活动（poverty simulation activities）

活动的目的是让教师真实体验低收入家庭的生活，从而更加理解这一群体。

活动中每个人将成为低收入家庭中的一员，将想方设法在贫困中生存“一个月”。参与者所在的房间就是模拟的贫困社区，参与者及其邻居的家就是房间中间的椅子。参与者需要的服务，比如银行、学校和杂货店都是排列在房间四周的桌子。和现实生活一样，参与者需要交通工具去上班或上学。参与者需要食物，可能还要与疾病做斗争。在这“一个月”里参与者需要面对一个贫困家庭所必须要面对的压力和挑战。

房间设置如下图：

房间设置示意

实例如下：活动开始前参与者将拿到活动规则和自己的角色，每15分钟为“一周”，共四轮，每轮至少吃喝一次，否则判断为“死亡”出局。游戏中设有社区、商店、工作单位、学校、医院和监狱，设有警察、社工、雇主、店员等公共角色。每个家庭及角色都是根据真实的学生家庭情况设计的，参与者可能扮演一个年轻母亲，同事可能扮演参与者上小学的孩子和上初中的孩子，由同学扮演的丈夫可能是在铤而走险地贩毒的黑帮成员。参与者的父母可能患有慢性病，参与者每个月收入仅1500美元，需要平衡工作，照顾家庭和孩子的教育，还要操心每天的交通问题。如果忽略教育，参与者的孩子可能会因为行为问题被学校留家查看；忽略照顾自己的孩子和生病的父母，参与者可能会被社工带走；丈夫可能会进监狱，参与者可能由于工作繁忙而生病……家庭中的每个人都面临生活的贫困和压力，参与者之间可能还会因为如何使用救济票、如何使用存款、如何使用唯一的汽车而争吵……面对活动中的种种挑战，教师们能够更好地了解生活在这样家庭的孩子，从而更好地理解和帮助他们。

【编者　张博慧】

第三节　几种主要的课堂管理理论学派

背景

根据2012年Scholastic and the Bill & Melinda Gates Foundation发布的《一手资料：美国从事教育行业的教师》（*Primary Sources: America's Teachers on the Teaching Profession*）的报告，68%的小学教师、64%的初中教师和53%的高中教师均认为学生在课堂上暴露的行为问题呈逐渐增长趋势。面对越来越棘手的课堂管理问题，教师们不仅要学习具体的课堂管理技巧，更要重视这些技巧的理论支撑。教师们只有了解了课堂管理的理论基础，才能在课堂管理时做到知其然并知其所以然，并根据自己班级的具体情况做出有效的策略调整。

理论学派

1　行为方法派（Behavioral Approaches to Classroom Management）

行为方法派的课堂管理是教师在了解学生情况的基础上，运用行为矫正的方法，矫正学生的行为。行为方法派课堂管理侧重于建立对适当行为的明确期望，监控行为，强化正确的行为，纠正不当行为。行为矫正的方法主要包含五种行为操作（behavior operations）：积极强化（positive reinforcement）、消极强化（negative reinforcement）、削弱作用（extinction）、反应代价（response cost punishment）和不愉快的惩罚（punishment with aversive）（Kauffman & Landrum，2002）。

（1）积极强化：指当学生按照教师要求做出符合期待的行为时，教师通过给学生积极的反馈或奖励，例如表扬、发放奖品等，来激励学生继续这种适当的行为。这种外在的奖励机制能够有效帮助学生增强外在动机，实现短期课堂目标。积极强化的问题是，长期、单一的积极强化会让学生失去新鲜感，学生可能会和教师讨价还价，希望得到更多奖励，还有的学生因为不在意奖励而不完成任务等。

（2）消极强化：指当学生按照教师要求做出符合期待的行为时，教师撤销或者减少负面刺激，来增加适当行为的频率。例如教师告知学生课后作业很多，但如果学生在课堂表现好，则可以不留课后作业。

（3）削弱作用：指当学生的行为没有受到积极强化或者消极强化时，学生会因为没有得到想要的结果而弱化这种行为。例如学生在课堂上举手回答问题时，教师好多次都没有叫这位同学，该学生可能就不愿意再积极举手回答问题了。

（4）反应代价：指学生出现不良行为时，教师扣除学生原来拥有的某种奖励，从而达到降低不良行为频率的目的。例如学生上课表现很好，教师奖励给学生下课前10分钟自习时间。但是如果有学生课堂作业没有写完，他的自习时间就被剥夺。

（5）不愉快的惩罚：指当学生出现不当行为时，教师给出不愉快的刺激，以此消除或抑制不当行为。例如学生在课堂上打闹，教师批评了学生，让学生写反思。

以行为方法派理论为基础的课堂管理模式有果断训导（assertive discipline）、好行为游戏（good behavior games）、思考时间（think time）等。

（1）果断训导是由Canter Lee（1970s）提出的。Canter Lee认为，教师有权利确定什么是对学生最好的，然后期待学生做出符合期待的行为。果断训导的中心原则是，任何学生都不应该阻止教师教学或干扰其他学生学习。教师要积极主动地监测学生行为，明确给出课堂指令，要求学生做出符合课堂标准的行为。如果学生遵循，则积极强化；如果不遵循，则要求学生承担后果。教师的态度要坚定，既不要消极被动，也不要太激进，对学生疾言厉色。

（2）好行为游戏是一种管理课堂行为的方法。教师将学生分为两个小组，如果一个小组中有成员出现不当行为，教师则给该团队加一分。在设定的游戏时间内，得分最少的组为赢家，得到奖励。如果两组都能将分数保持在教师设定的一个阈值内，那么两队都得到奖励。这种方法有利于培养学生的集体责任感和团队精神。学生不仅要对自己的行为负责，也要对组员的行为负责（Harris & Sherman，1973）。

（3）思考时间策略旨在减少教师和学生的负面交流和对峙，是让师生间有机会开展积极沟通的一种方法。当学生扰乱正常教学时，学生会被安置在另外的教室，反思自己的行为。当他们能够在课堂中做出符合期待的行为时，他们将重新加入课程（Nelson，1996）。

行为方法理论视角下的课堂管理一直以来对新教师的培训和课堂管理的研究影响深远。支持行为方法理论和主要以规训进行课堂管理（discipline-focused classroom management）的学者认为学校和教师从来都是这样维持纪律的，效率高，看起来公平，同时也帮助学生做好走进“现实世界”的准备。而持批评态度的学者则认为行为方法理论忽略了对行为问题的预防，而过分依赖后果；认为惩罚是无效的，没有从根源上解决问题，外在的动机不能真正帮助学生；另外，这种课堂管理方法把课堂管理的责任都交给了教师，无形中加深了我们本应该打破的欠缺性思维（deficit thinking），这种思维方式往往认为学生违反课堂规则的原因在于学生本身（Laura E. Pinto，2013），比如是学生不守纪律、调皮、不尊敬教师、没有家教等。行为方法理论的讨论可以启发我们思考这些课堂管理问题：如何加强对行为问题的预防而不过分强调对行为的纠正？教师如何将外在的奖励和后果转化为学生内在的学习动机？教师怎样反思自己的行为管理方法而不是单纯地把问题归咎于学生？

2 过程—结果方法派（Process-Outcome Approaches to Classroom Management）

一个成功的课堂管理者需要具备哪些品质？哪些教学技巧普遍有效？教师的行为和学生的表现有什么关系？教师和教学对于学生学习有什么影响？这类关于课堂教学过程（教师教）和结果（学生学）关系的探索即过程—结果方法的研究。

第一种过程—结果方法研究是关于学校制度对于学生学习成果和行为的影响。一些过程因素包括：学校行政人员的领导力、安全有序的学校环境、父母的参与度等（Beckel，1999）。第二种过程—结果方法研究是关于教师对学生学习成果和行为的影响。一些过程因素包括：组织课堂、授课、提问、提供反馈等（Good，1996）。研究发现，高效的课堂管理者和低效课堂管理者的差别并不在于行为问题出现后的纠正，而在于行为问题的预防。高效的课堂管理者应该具备如下五种能力（Kounin，1970）：

（1）洞察力（wittiness）：教师要眼观六路，耳听八方，要让学生感到课堂上的任何不良行为都逃不过教师的火眼金睛。教师应该通过交流让学生知道，教师时刻清楚课堂上的一切情况，并且时刻保持警觉，对出现的行为问题能够做出准确及时的反应。教师可以通过巡视四周达到这个效果。教师虽然不能做到全知全能，但是一定要让学生认为教师对课堂发生的一切都了如指掌。

（2）复合行为（overlapping）：教师要有能够同时处理多重事件的能力。教师不仅是知识的传播者，也是课堂行为的规范者。在面临多重情况时，教师应该能够全面关注和处理问题。

（3）保持动态（momentum）：一节课应该是动态的。当课堂上出现干扰的时候，教师应该能够灵活处理问题，保证一节课持续进行下去。例如，课堂上一些科技工具突然失效时，教师应该能够灵活地改变教学方式，保证教学活动的进行。

（4）保持流畅（smoothness）：流畅和保持动态密切相关。教师要确保课堂不被无关事件和信息干扰，保证课堂活动从一个环节顺畅地过渡到下一环节。例如，一位教师在讲进行时语法“……在……”时，有学生对过去时语法“了”有问题，举手提问。这位教师回答了学生的问题以后，转而将教学重心转移到“了”的教学上，就偏离了本节课的教学目标，这样的课堂就是不够流畅的。

（5）群体焦点（group focus）：教师应该有能力在教学活动中获取全班同学的注意力。教师可以通过一些方法时刻保持学生的注意力，例如将课堂参与作为平时成绩的一部分，或者随机抽查学生回答问题等。

过程—结果方法研究发现，高效的课堂既和教师适当的管理策略有关，也和高质量的教学策略有关（Munk & Repp，1994）。研究发现有效的课堂管理策略有：

（1）课堂规则：课堂规则指教师对学生在课堂上的行为期待和标准。高效的课堂管理者应该和学生解释、演练和复习课堂规则。课堂规则不只是禁止学生不当的行为，还要清楚地说明学生应该怎么做。高效的课堂管理者应该将课堂规则以醒目的书面形式呈现在教室中，最好发到学生手中。一旦学生违反课堂规则，教师要严格按照规则给予相应后果。

（2）活动的过渡：教学环节的转换会打断课堂的连贯性。因此，高效的课堂管理者应指令明确，比如何时开始活动、何时结束活动，尽量保持课堂的流畅性。教师可以在学期初与学生演练课堂环节的转换，也可以预先训练学生对活动指示信号做出回应。

（3）学年初管理活动：学年初对学生进行管理训练至关重要，能够为一学年定下基调，有助于减少学生在一整学年的行为问题。

（4）高效利用课堂时间：教师要将课堂上的学习时间最大化，尽量避免课堂程序活动（如考勤点名、发放材料、收集作业等）占用过多课堂时间。

（5）监测学生表现：教师不仅要注意班级整体情况，还要注意学生个体的情况，并及时做出反应。除此以外，教师还要有意识地监测课堂节奏和速度。

（6）沟通意识：教师和学生的沟通能力是影响有效课堂管理的因素之一。教师要通过恰当、及时的沟通让学生明确学习目标、课堂规则、教学活动、行为反馈等。

高质量的教学策略包括：

（1）教师主导的教学：教师主导的教学活动要清晰易懂。教师可以运用如下策略帮助学生接受新知识：激发调动学生已有知识；清楚地陈述课堂目标，复习中心要点；科学组织教学内容的顺序；通过实例或者类比解释新的概念；使用适当的音量和语言等（McCaleb and White，1980）。

（2）学生积极参与和响应：小组合作学习和同伴协助学习活动的合理运用能够提升

学生的参与度。安静阅读、听力练习或者观看同伴完成任务会降低学生参与度。学生更喜欢高参与度的课堂。高参与度的课堂学习效果也要比低参与度的课堂效果好。

（3）教师引导的练习：教师要为学生提供“鹰架”（scaffolding），解释、示范教学内容和活动，并适时给出反馈和纠正，最终达到学生能够独立完成任务的目标。

（4）符合学生需求的灵活教学：学生的已有知识储备、学习方式和接受速度都不同。面对不同学生的需求，课堂教学要有差异性。

（5）合作学习：小组合作学习既有利于提高课堂参与度，也能有效提升学生学业水平。小组合作学习也有利于培养学生人际沟通能力和团队协作解决问题的能力。

（6）热情和幽默与教学相结合：教师对所教科目的激情能够感染学生对该科目的热情。学生往往喜欢有幽默感的教师。

（7）使用动机培养策略确立目标：难度适当的教学目标更有利于学生学习动机的培养，学生可能对过于困难的教学目标望而却步，对过于简单的教学目标失去兴趣。

在教师行为和教学活动对学生学业表现的影响方面，过程—结果方法派形成了大量的研究成果。但是，也有研究人员指出，过程—结果方法研究将教学视为一种线性活动，即教师的某些特定行为一定会提升学生的学习成果，而忽略了一些环境变量的影响，例如学生的社会阶层、能力、年级、学科、教学特征、学习任务性质和反馈发生的情景等（Gettinger & Kohler，2006）。

3 生态方法派（Ecological Approaches to Classroom Management）

生态方法派视角下的课堂是一个师生个性、课堂活动、程序和各种状况交织的环境，这些因素都会影响学生的行为（Arthur-Kelly，2003）。生态方法派的课堂管理方法，是一种整体的、综合的方法，旨在帮助学生学习和规范他们的行为。它是整体的，因为它不仅仅关注一个领域（如教学策略），而是关注学生的整个学习体验，因此更加注重学生和环境之间的关系，而非孤立地诊断和矫正学生的行为问题。

生态方法理论的核心观点包括：

（1）课堂管理是一个解决课堂秩序问题的过程，而不是解决不当行为问题的过程。教师应该更加注重营造良好的学习氛围，而不是仅仅着眼于惩罚学生的不当行为。

（2）课堂的秩序是动态的，而非一成不变的，在不同的教学活动中应该呈现变化。因为课堂本身是一个动态的系统，教师和学生共同推动教学目标的达成。这个课堂系统应该是和谐的，规则和后果是必要的，但是应仅作为维护整个课堂系统的辅助工具。

（3）课堂秩序是教师和学生共同建立的。虽然教师在组织课堂活动上起着关键作用，但是学生才是进行活动的主体。在一个教师善于维持课堂氛围、学生能够达到学习目标并且积极合作的课堂上，秩序很容易确立。

（4）不同课堂活动的秩序也是不同的，这些秩序受到学习目标和教学活动影响。例如，做课堂作业时或者听教师讲解时，学生应该是安静的，注意力集中于教师的讲解或者作业上；而全班讨论时，则要求学生参与讨论，注意力能够分散在教师和其他学生的身上。

（5）教师要明确不同课堂活动的运作方式和活动的本质。成功的课堂管理不只需要教师监测学生按照课堂规则完成任务和活动，也需要教师能够对课堂上发生的事件做出合适的反应或者干预。面对复杂的课堂，教师需要在不同的教学活动中灵活处理问题。

生态方法派的课堂管理强调教学环境的差异性和独特性。教学环境融合了很多独一无二的特质，例如课堂活动的特点、学生不同的需要和期待等。因此生态方法派的课堂管理重视建立和维护包容的、积极主动的学习环境。教师在建立和维护学习环境时应该注意如下要素：教学物质环境的设置、课堂规则和程序的确立、对程序的重复和演练、教学活动的设计和规划、对学生活动的监测、教学活动和环节的过渡、对突发问题的处理等。生态方法派的课堂管理还建议教师们做到：

（1）创造良好的学习环境。学习环境的创造应该从开学第一天开始。课堂的设计和布置需要让学生觉得安全、舒服，有利于教师和学生、学生和学生之间建立感情纽带，有利于学生达成学习目标。教室桌椅的摆放既要利于教学活动，也要利于课堂管理。教师要有机会走近每个学生，监测学生学习情况，给予帮助。

（2）营造积极的学习氛围：积极的学习氛围包括和谐的师生关系以及融洽的生生关系，学生能够掌握学习内容，学生有自我约束能力和学习自主性，学生有机会帮助他人或者被他人帮助（Perras，2012）。

（3）制订课堂程序：课堂的程序和规则要提前制订好。例如每天的学习目标、文具、学习材料等要在课前准备好，学生要知道课堂上各种行为规范，这样可以最大化学习时间，减少组织活动时的时间浪费。每节课开始前，课堂上应该一切就绪。

（4）管理学生行为：教师要让学生时刻明确行为期待，并时刻监测学生行为，对不当行为及时做出适当的反应。

以生态方法理论基础发展而来的生态方法模式（Ecological Model）（Perras，2002）强调利用和谐的教学环境、灵活多样的教学方式和以预防为主的课堂程序，来培养学生积极的学习意识，营造良好的学习氛围。具体操作环节包括：

（1）确定学生需要强化的积极行为和需要改变的消极行为。

（2）在教室中展示学生参与制订的基本行为期待。

（3）在课堂活动中贯彻和强调行为规范。

（4）设置全班可见的行为公约和行为记录表，记录学生的积极行为，并积极强化。

（5）以分层次、多样性的教学方式，作为行为管理技巧的补充。

生态方法派的课堂管理理论认为，课堂管理的本质是课堂环境的维护。有秩序的课堂不一定一直是安静的、绝对服从的，有时候也可以是热闹的、有活力的，秩序要以推动班级共同达成学习目标为目的而变化。教师在维护秩序和营造环境上发挥着重要作用。教师要尊重每个学生，培养学生积极的自我意识，培养有合作精神的学习团体，营造积极的学习氛围。

主编的话

“这些学生根本就不想学。”

“这些内容我已经讲过三遍了，要是他们认真听，早就该学会了。”

“他们为什么总是管不住自己？”

“这些学生根本考不上大学，他们每天来学校就是混日子。”

“这儿的学生素质太差了，跟国内的学生没法比。”

“那些捣乱的学生爱听不听，我才不管他们。可是我为那些想学的好学生感到惋惜，因为他们受到了干扰。”

……

以上这些论调来自在美国任教时间不长的新教师。中美两国在文化传统、学校环境和教学方式上存在很大差异，在准备不足的情况下初到美国任教的教师，普遍都会经历课堂行为管理这一大难关，从而导致他们工作上的挫败感和情绪上的困扰。有很多人会把问题归咎于学生本身“不好管理”，而没有及时反思自己在课堂管理中应该发挥的作用和需要学习的策略，这就是“欠缺性思维”（deficit thinking）的体现。建议新教师们及时调整自己的心态和情绪，不要长时间地困在“欠缺性思维”里固步不前。任何问题都有解决的办法，行为管理是一门科学，有很多理论和实践策略可以学习，只要坚持学习和尝试，就一定能见成效，最终成功攻克这个难题。

案例分析

案例一

陈玲老师在Apple High School教初级中文。她的班上有好几个“问题”学生，不注意听讲，不积极参加课堂活动，还会干扰其他学生学习。陈老师不得不时常停下教学，提醒他们遵守纪律，认真学习，但是陈老师的提醒并没有起作用，和家长沟通也没有达到好的效果。在一段时间以后，班级中其他的学生也慢慢出现消极的学习态度，课堂学习氛围越来越弱。陈老师非常沮丧。在学习了生态方法派理论后，陈玲老师改变了课堂管理策略和教学策略。

经过两周的观察和记录，陈老师认为几个问题学生最需要增强的是专心完成任务的能力，改变做和学习无关事情的习惯。当他们脱离学习任务时，就会干扰课堂秩序，打乱教学进度和节奏。经过思考和分析，陈老师确定了本阶段的行为改造目标：将学生每节课五次脱离学习任务的行为降低到两次，学生专心完成学习任务的行为增加到每节课五次。

陈老师在教室白板上方贴了四条课堂基本要求，分别是：准备好（be prepared）、积极参与（actively participate）、专心（on task）、合作（cooperate）。陈老师会经常和学生讨论这些课堂要求，演练符合课堂要求的行为，并且在上课时经常提醒学生这些课堂要求和教师的期待。当有学生没有认真听课的时候，陈教师会目光注视着这位学生，手指着张贴着的课堂要求，提醒学生时刻遵守共同建立的规则。当学生能够遵守课堂规则时，陈老师适时给出积极反馈，让学生感受到教师的认可和赞赏。

陈老师还在班级中设置了一张积极行为目标光荣榜。陈老师每周会在光荣榜上记录全班积极行为的情况，并表扬学生取得的成就。例如，全班同学都能达到教师设置的目标，专心完成学习任务的行为增加到每节课五次，陈老师就在光荣榜上画上一颗星星，当全班收集到十颗星星时，全班可以有十分钟的电影时间。

在教学方式上，陈老师也进行了调整，通过小组学习、科技手段运用等，创设以学生为中心的课堂，让学生享受到学习的乐趣。

➔ 案例分析

陈老师调整后的课堂管理和教学策略是基于Perras生态方法派的教学模式。生态方法派注重多重因素对于课堂的影响，强调创造积极的课堂氛围，培养学生的积极行为意识、对自己的行为负责。陈老师没有将课堂管理视为单纯的行为矫正，而是通过让学生参与课堂规则的制订、表扬、行为目标达成后的奖励等策略培养学生的责任感和自信心。除此以外，陈老师还灵活变换教学方式，差异化教学，让学生在学习中获得成就感。

案例二

张丽老师是Apple Elementary School三年级的中文教师。开学初，张老师并没有急于教授新的教学内容，而是花了整整两周的时间来给学生讲解、演练和复习课堂规则和程序。当教师需要全班安静下来、注意力集中在教师身上的时候，张老师会有节奏地拍手，学生会有节奏地拍手回应，并齐声说“我们听到了”；当张老师向学生发放材料或者收集材料的时候，张老师会将全班学生分为两组，比赛哪一组在收发材料的时候快、静、齐，输的一组则要有节奏地鼓掌并说口号“棒、棒、你真棒”来表扬赢的一组；当学生想要去喝水或者去卫生间时，张老师会训练学生安静地举手示意，请求教师允许；当学生需要从座位上转移到教室前面的地毯上围绕教师坐好的时候，张老师则教学生一起唱歌，边唱歌边有序地走到地毯上坐好。张老师还在学生的桌子上准备好便利贴，当学生有问题想问教师或者有悄悄话要和教师说的时候，可以写在便利贴上，粘贴在教室后面的“问题墙”上，教师会在方便的时候回答这些问题。刚开始的时候，总是有学生忘记该怎么做，张老师不断示范，组织学生演练。有些学生不愿意参与，张老师就用小组竞赛的方式，奖励按要求做的小组。两周以后，每个学生都清楚了课堂规则和程序，张老师才开始进行教学。

➔ 案例分析

高效的课堂管理方式包括课堂规则的制订和实施、课堂活动的过渡、学年初的课堂管理活动和高效利用课堂时间等。过程—结果方法派的课堂管理强调行为问题的预防，而开学初的课堂程序演练则能够有效预防学生行为问题。张老师在开学初用大量的时间训练学生熟悉课堂程序，看似浪费时间，实则为接下来一学年的教学打下了坚实的基础。学生清楚课堂流程和规则以后，在程序性活动（如收发作业、去卫生间、喝水、换座位等）中，就能做到有序、高效，这样既节省了大量的课堂时间用于教学，也增强了课堂的流畅性。相比行为问题出现以后的矫正，行为问题的预防更有效。

案例三

方婷老师任教于Apple Elementary School。方老师常常用分组的方式进行课堂管理。她把班级20个学生分为5个小组，每组4个人。方老师的白板上有一块专门计分数的区域。每节课，每一组都是从0分开始累积。当小组成员中每位同学都达到方老师要求的时候，方老师就会给这一组加上10分。例如，上课前做好准备了（包括桌子整理好、学生就座、安静注视教师），张老师就会给这一组加分。上课过程中，哪一组按照要求完成学习任务，也会加分。但是哪一组出现了违反课堂守则、干扰课堂秩序的行为，方老师就会从这一组所得分数中减去10分。一节课末尾的时候，分数最高的小组会得到一张贴纸，集齐5张贴纸，则可以换一个小礼物。如果这一节课全班都达到90分，则奖励全班5分钟观看动画片的时间。措施实施的第一个月，效果非常好。但是在学期后半段，方老师却发现学生只关心计分，对计分无关的课堂活动都不感兴趣。学期末的时候，很多学生对动画片失去了新鲜感，不愿意再参与竞争活动，各种行为问题又出现了。

➔ 案例分析

方老师的课堂管理方式属于典型的好行为游戏，是行为方法派进行课堂管理的一种方式。礼物和动画时间都是小学生想要的奖励。方老师通过加分的方式肯定学生的适当行为，属于积极强化。学生出现不当行为，张老师会减掉分数，属于反应代价。好行为游戏的优点是能够激发学生的竞争意识和集体荣誉感，小组内的学生不仅需要对自己的行为负责，也要对全组的行为负责，这种同伴压力会促使自制力差的学生遵守规则，有利于班级氛围的营造。这种方式更加适合低年级的学生，对于高年级的学生效果可能不理想。另外，教师需要经常变换奖励物品或者奖励方式，保持游戏新鲜感，才能吸引学生。最后，教师要将外在奖励转化成学生内在的学习动机，才能从根本上解决课堂管理问题。教师的教学热情、幽默感和学生的情感联系都是激发学生内在动机的因素。所以，除了单纯的行为管理，教师还要注重教学方式，营造安全的、积极的学习环境，才能培养出求知欲强的学生。

小贴士

课堂是教师和学生共同推动的、动态的、以学习为目的的一系列活动的载体。课堂管理是为高效地实现教学目标服务，也是为了培养学生的行为习惯，成为遵纪守法的好公民。因此教师们在实际教学中，要灵活运用各种课堂管理理论流派的方法。教师们在课堂管理时要注意，优质的教学和课堂管理是相辅相成的。当课堂成为以学生为中心的课堂，教师用各种“脚手架”去协助学生达到学习目标，学生在各种各样的课堂活动中能够享受到获得成功的喜悦和学习的乐趣时，教师就不需要花费大量的精力去监测课堂行为问题了。反过来，一旦培养好学生的行为习惯，学生有了遵纪守法和关心他人和集体的意识，就会有利于营造积极、和谐的学习氛围。

思考与应用

杨龙老师是Apple Middle School的中文教师。在七年级的中文课上，杨老师让学生做一个画脸谱、涂颜色的活动。正在杨老师帮助一个学生的时候，班级里的两个学生不知道什么原因，起了冲突，互相谩骂，双方情绪都很激动。杨老师询问事情起因，原来是一个学生拿了另一个学生的脸谱，不小心将脸谱撕坏了。面对这种突发情况，杨老师该如何尽量减少该事件对正常教学的影响，解决学生的冲突，让两个学生平静下来，回到学习活动中来呢？

参考资料

【1】Laura E. Pinto. *From Discipline to Culturally Responsive Engagement: 45 Classroom Management Strategies*[M]. Corwin: A Sage Company, 2013.

【2】Michael Arthur, Christopher Gordon. Christopher Gordon and Nancy Butterfield, *Classroom Management: Creating Positive Learning Environments*[M]. South Melbourne: Thomson Learning, 2006.

【3】Timothy J. Landrum, James M. Kauffman. *Behavioral Approaches to Classroom Management* from *Handbook of Classroom Management: Research, Practice, and Contemporary Issues*[M]. London: Routledge, 2006.

【4】Maribeth Gettinger, Kristy M. Kohler. *Process-Outcome Approaches to Classroom Management and Effective Teaching* from *Handbook of Classroom Management, Research, Practice, and Contemporary Issues*[M]. London: Routledge, 2006.

【5】Harriet H. Barrish, Muriel Saunders, Montrose M. Wolf , Wold M.M. Good Behavior Game: Effects of Individual Contingencies for Group Consequences on Disruptive Behavior in a Classroom[J]. *Journal of Applied Behavior Analysis*, 1969.

【6】Walter Doyle. *Ecological Approaches to Classroom Management* from *Handbook of Classroom Management, Research, Practice, and Contemporary Issues*[M]. London: Routledge, 2006.

【7】Huitt G. William. Classroom Management: A Behavioral Approach. *Educational Psychology Interactive*[M]. Valdosta, GA: Valdosta State University, 1996.

【8】Nelson, J. Ron. *Designing Schools to Enhance the Academic and Social Outcomes of All Students*[M]. Anaheim, CA: SPONS AGENCY Department of Education,1997.

【9】Donald Perras. *Classroom Management: An Ecological Model for Secondary Educators*[M]. Morrisville: Lulu. com, 2012.

【10】Fredric H. Jones, Patrick Jones. *Tools for Teaching: Discipline, Instruction, Motivation*[M]. Santa Cruz, CA: Fredric H. Jones & Associates,Inc., 2014.

【11】Canter Lee. *Classroom Management for Academic Success*[M]. Bloomington, IN: Solution Tree Press, 2006.

【编者　陈丽】

第二章 课堂管理策略

第一节 制订课堂规则与程序

01 制订小学课堂规则与程序

背景

美国小学的中文项目主要分为沉浸式和非沉浸式。在大部分开设非沉浸式中文项目的小学里，中文项目和音乐、艺术、体育、电脑等课程一样，属于特色项目（specialty programs）。在这类学校里，中文课一般注重基础课程和文化体验两个方面。基础课程主要包括最基本的日常对话以及简单的汉字学习；文化体验课程主要包括衣、食、住、行等方面的传统文化体验和现代科技文化体验。两者通常在教学过程中交叉进行。

通常在非沉浸式中文项目的学校里，全校从幼儿园到五年级的学生都要上中文课。一般情况下，每个班级每周都有一节中文课，每节课时间为40—50分钟；也有一些学校每周有两节中文课。大部分非沉浸式中文项目的小学，中文教师都有自己的中文教室，每个班都会由班主任负责到中文教室的门口接送自己的学生；也有一些学校，中文教师没有自己的中文教室，他们需要每节课带上自己的教具去不同的教室上课。

原则、策略与技巧

建立有效的小学课堂规则与程序的原则

小学生活泼好动，充满朝气与活力。他们有注意力集中时间短，易受外界环境因素的干扰，学得快、忘得也快，模仿能力极强等特点。如果没有设置合适的课堂规则与程序，课堂教学效果就会大打折扣，甚至导致教学无法正常进行。开学的第一次课，教师一定要将课堂规则清楚而有效地展示给学生。针对非沉浸式小学生，课堂规则的讲解应该简单易懂、直观易记、生动有趣。

- **要求1：课堂规则简单易懂**

小学生注意力集中时间比较短，很容易忘记教师讲过的内容，理解能力也有限，因此课堂规则要简单易懂。比如以下的课堂规则，特别适合幼儿园至小学三年级的学生。每一条规则都对应身体的部位，简单易懂且朗朗上口，方便学生记住。教师可以采用全身反应教学法（TPR），带领学生进行学习和操练。

小学低年级中文课堂规则

针对小学四年级和五年级的学生，我们可以制订适合小学高年级学生的课堂规则（可参考“制订沉浸式课堂规则与程序”）。

- 要求2：课堂规则直观易记

学生记住课堂规则后，教师还需要时刻提醒他们。因此，教师应该把课堂规则张贴在教室最显眼的位置，并且配上相应的图片帮助理解。这样，他们就会时刻提醒自己需要遵守这些规则。

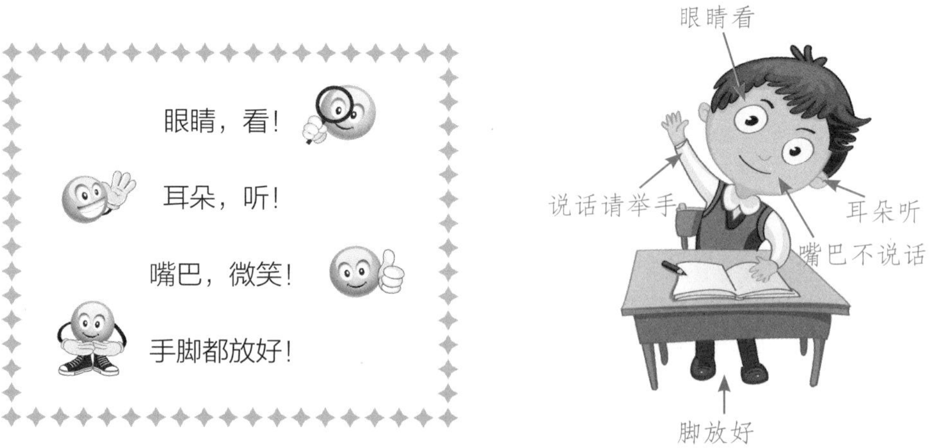

小学低年级中文课堂规则

- 要求3：讲解课堂规则的形式要生动有趣

课堂规则一般比较枯燥乏味，教师在讲解课堂规则的时候学生注意力容易分散。为了使课堂规则的介绍更加生动有趣，教师应该采用多种方式，比如游戏、歌曲、小组项目等进行讲解和操练。

游戏方面，可以采用“你说我做，我做你说”的游戏进行操练。教师给出指令，学生根据指令做出相应的动作；或者教师做出相关的肢体动作，学生根据教师的肢体语言进行“说”的操练。教师也可以在网络上搜索中文版的操练五官词汇的免费游戏。歌曲方面可以配合歌曲《小手拍拍》，教师可以在网络上找到这首歌，它特别适合幼儿园和一年级的学生，轻快的旋律能够让学生更快地记住要学习的内容。小组项目方面，可以让四、五年级的学生以小组的形式，自己设计人物/动物/机器人等，然后在旁边写上课堂规则。

- 要求4：课堂规则需要实际练习，反复操练

教师在介绍课堂规则的同时带领学生进行实际操练，这样才能让学生学以致用。比如：学生已经在教室门口了，在学生进教室之前，教师需要提醒学生先排队，然后说：“请大家安静地走进教室，找到自己的座位，谢谢！如果有人吵闹，我们会重新到教室外面排队，直到大家做好为止。”如果学生在进教室的过程中有说话、吵闹甚至跑动的情况，教师可以要求全部学生重来一遍。这样在操练的过程中，可以及时发现问题并解决。

- 要求5：课堂规则最好与学校的奖励制度相结合

比如：杨龙老师所在的Apple Elementary School 学校的吉祥物是熊猫，所以学校采用“熊猫荣誉卡”的奖励制度。所有特色项目课的教师都持有“熊猫荣誉卡”，可以对不同的班级进行奖励，一个班每节课最多奖励三张。学校会在每学期期末的时候根据每个班累积得到的“熊猫荣誉卡”的数量进行不同程度的奖励，并且每学期举办两次“奖励大狂欢”的活动，让平时遵守纪律的学生参加“奖励大狂欢”。在“奖励大狂欢”的时候，学生可以尽情地跳舞，还可以玩各种有趣的游戏。杨龙老师会给整节课都表现得特别好的班级奖励三张“熊猫荣誉卡”，但如果全班每收到三次课堂纪律方面的提醒或者警告，就会失去一张“熊猫荣誉卡”。

❖ 小学生遵守课堂规则的奖励措施

美国教育倡导鼓励型教育，所以奖励措施在美国课堂非常重要。由于小学生自我管理的能力比较差，奖励措施可以激励学生遵守课堂规则。奖励措施可以丰富多样，可以

是精神奖励，也可以是物质奖励。下面介绍几种学生比较喜欢的奖励措施。

◆ 奖励方式1：积累“纸币”来兑换物质奖品

教师可以把一元人民币的图片打印出来，裁剪成小份，装入自制的钱袋里，每次上课时可以给表现好的学生或者有进步的学生发“纸币”进行奖励，学生可以积累“纸币”，达到一定数额可以兑换不同的奖品。

一元纸币样本

裁剪后的一元纸币和钱袋

学生可兑换的奖品

◆ 奖励方式2：积累“印章”或“贴纸”来兑换物质奖品

教师可以带领学生制作属于自己的护照，护照可以帮助学生收集印章或者贴纸，收集到一定数量后可以兑换奖品。

◆ 奖励方式3：积累“微笑券”并抽奖来得到物质奖品

教师提前准备好足量的“微笑券”，给表现优异的学生或者有进步的学生奖励一张“微笑券”。学生可以在“微笑券”上写上自己的名字，下课前，教师收集所有带学生名字的“微笑券”，随机抽奖三次，抽中的学生可以得到一个小奖品。

“微笑券”

◆ 奖励方式4：精神奖励方式之“满足你的合理要求”

课堂中，教师可以对表现好或者有进步的学生给予一些精神奖励，满足学生的一些合理要求。比如：下节课允许该生跟自己的好朋友坐在一起上课，但如果坐在一起后出现干扰他人的行为，他们就不会再被允许坐在一起。

对于表现优异的班级，也可以采用这种奖励方式。比如：很多学生都特别喜欢户外运动，很珍惜他们每天在户外玩耍的时间。教师可以对连续6次表现优异的班级进行一次户外运动的奖励。户外运动时，教师可以用15—20分钟的时间教授学生五步拳、踢毽子等具有中国文化特色的项目，剩余时间可以让学生自由活动。此类奖励特别受四年级和五年级学生的欢迎。需要注意的是，带领学生在操场进行户外活动时需要保证学生的安全，同时需要征得校方同意，并且不能影响其他班级的正常教学。同时，教授学生五步拳、踢毽子等中国特色的文体活动时切记要用中文。

◆ *奖励方式5：精神奖励方式之“把感谢带回家”*

很多时候，教师联系家长，都是因为学生有严重的行为问题，教师需要跟家长沟通，而往往忽略了“把感谢带回家”的精神奖励。教师可以准备多份简短的感谢信，发给表现优异、特别是有进步的学生。信中感谢该生在中文课的优异表现以及和同学之间的友好合作，教师签字并写上日期。让学生“把感谢带回家”，也把鼓励带回家。

下面是杨老师给学生家长写的一封简短的感谢信。

Dear Parents,

(student's name) is very friendly and cooperative in the Chinese Classroom.

He/She did a great job in Chinese conversation today!

I am so glad that he/she can study Chinese with us.

Chinese Teacher

Mr.Yang

Date ____________

也有的教师会通过写邮件或者给学生家里打“阳光报喜电话”的方式，把“感谢带回家”。

◆ *奖励方式6：学期末颁发证书*

美国学校在学期末的时候都会有表彰环节，中文课也可以给表现优异的学生颁发证书。教师可以跟学校沟通，得到学校的支持后，让学校领导在全校广播中进行表扬，让学生把荣誉带回家。这对中文课堂的管理也会有很大的帮助。

主编的话

从外在动力变为内在动力

我们给学生各种奖励，即外在动力（extrinsic motivation）是为了培养他们最终的内在动力（intrinsic motivation）。外在奖励可用于激励学生获得语言学习的新技能，而一旦掌握了这些技能，学生就可能变得更有内在动力从而主动学习中文并乐在其中。但外在奖励不是我们的终极目标，所以不能滥用，例如有的教师在学生每回答一个问题时都发一次奖励，这种做法非常不可取。首先，太容易得到会让学生觉得奖励不再有价值和吸引力，也没有挑战了；其次，这样也会浪费很多教学时间。教师还是要更加注重激发学生的内在学习动力，让学生更多地获得成就感。

应对小学生违反课堂规则的技巧

1 技巧1：采用提问、暗示或提醒等方式让偶尔违反课堂规则的学生尽快改正

在课堂上，有个别学生会有注意力不集中、不认真听讲、交头接耳或者制造噪音干扰其他学生的情况，这时就需要教师采取适当的措施，提醒学生改正不当行为。教师可以采用以下几种方式提醒学生：

（1）鼓励身边表现好的学生来提醒违反课堂规则的学生尽快改正。比如，有一个学生一直在玩椅子，发出很多干扰课堂的声音，教师可以说："老师看到Tom坐得非常端正，还有哪些同学和Tom一样坐得那么端正？"制造噪音的学生听到了会停止制造干扰他人的声音，教师再表扬该生也坐得非常端正，对该生的及时改正给予肯定和鼓励。

（2）教师可以盯着这位学生看几秒，暗示学生"老师注意到你了，希望你立即停止违反课堂规则的行为"。

（3）教师利用适当的时机，走到该生桌子旁，轻敲桌子来暗示学生遵守课堂规则。

（4）把学生安排到旁边的"反思椅"（即Think Chair，是教室里单独留出来的一张椅子，作为惩罚学生不守纪律的一种后果），让学生冷静，学生改正后再回到原来的座位上。教师需要保证反思椅的位置仍然面对课堂，不影响学生的正常上课，以免学生回家告诉家长自己被特殊对待。

2 技巧2：让学生远离出现纪律问题的环境

教师在进行教学的过程中，常常容易被学生“He pushed me.”“He said bad words.”这样的声音打断。这个时候，教师应尽量分开两人或者多人，以避免情况再次出现或者升级。教师可采用调换座位的方式分开打扰身边人的学生或者容易产生矛盾的双方，让学生远离出现纪律问题的环境。

3 技巧3：让学生冷静，下课后或在其他学生自主做活动的时候再与其面对面交流

有的学生特别好动，喜欢制造噪音、打扰别人；有的学生跟别的学生发生争吵以后，容易愤怒。对待这样的学生，教师需要帮助他们先冷静下来。让学生冷静的方式有很多种，这里介绍两种比较有效的方式：

（1）设置安静的角落，可以让学生坐在那里，冷静下来，认识到自己的错误并且改正后，再回到原来的座位上。

（2）可以把学生送到学生畏惧的教师的教室，让学生产生一定的心理压力。比如可以把学生送到体育教练的课堂，有的学生会很在意自己有行为问题，不能参加教练的足球队。不过中文教师要事先跟教练沟通好，得到教练的支持；同时也要充分了解学生，知道他们的喜好。

这两种方法都能够帮助学生快速地冷静下来，重新加入学习。教师可以在下课后跟学生面对面交流，帮助学生分析在课堂上出现的行为问题并鼓励学生纠正行为问题。

4 技巧4：采用分组加/减分的方式，让学生有团队合作意识

教师可以采用分组加分或减分的方式，对学生进行鼓励或提醒，让学生有团队合作意识。比如可以把学生分成四组，每一组的初始分数是100分。表现好的小组每次可以加10分，分数最高的组可以有优先排队下课的权利。对于有行为问题的学生，在教师提醒三次以后，如果还没有及时改正，就会减去该小组的分数。这种分组加/减分的方式也能培养学生的合作意识，因为其他小组成员往往也会提醒这个学生遵守课堂规则，同伴压力和集体荣誉感也会促使有行为问题的学生改正错误。

5 技巧5：与班主任沟通，及时反映学生的问题，共同寻求解决的办法

针对多次违反课堂规则的学生，中文教师要及时向班主任（classroom teacher）反映，多跟班主任沟通，从他们的处理办法中找到可以为自己所用的方法。也可以向班主任寻求帮助，得到班主任的支持。比如：杨龙老师有一个四年级的班，班主任特别配合和支持中文课，在中文课上表现优异的学生，可以在当天或者第二天吃午餐的时候跟自己的朋友坐在一起，班主任的支持与配合对课堂管理给予了很大的帮助。

6 技巧6：让多次违反纪律的学生自我反省

在一些班主任的课堂上，如果学生多次违反纪律并且严重影响到课堂秩序，班主任会拿出一张“行为反思表”（Behavior Reflection Sheet）让学生填写。“行为反思表”里面清楚地列出了几个能让学生反思的问题，填表的这段时间可以让学生自己冷静思考。表格填好以后，如果学生清楚地意识到自己的不良行为并且及时改正，教师就不会把“行为反思表”交到家长手里；如果学生写完反思表以后仍然意识不到自己的错误，教师就会把反思表交给家长，并跟家长进行沟通。中文教师在必要时也可以在自己的课上使用这种方式。

行为反思表

Behavior Reflection Sheet	
Name: ________________ Date: ________________ Homeroom: ________________ Where Behavior Occurred: ________________ You have been making poor choices in class. Please take a moment and think about those choices as you answer the questions below.	
1. What did I choose to do?	
2. Why did I make this choice?	
3. Who did I bother or disrespect?	
4. Two things I could have done instead.	
I have taken responsibility for my actions by showing my parents/guardians this sheet and having them sign below. My Signature: My Parent's / Guardian's Signature:	

适合小学生日常中文学习的课堂程序

小学中文课堂不仅要制订有效的课堂规则，而且要有明确的课堂程序。下面介绍几种有效的课堂程序。

（1）学生进教室

每个班每个学生都有固定的座位，当学生进教室的时候，学生应按秩序安静地走进教室，找到自己的座位坐好，如果忘记了自己的座位，可以举手示意教师。

（2）喝水和使用洗手间

上课期间，如果学生需要喝水和使用洗手间，必须先举手示意，得到教师的允许后，教师会给学生一张学校通用的“通关卡”（该卡写明学生要去哪里、做什么、是哪个教师允许的），同时教师要做好相关记录。

为了避免打断教师上课的节奏，学生在寻求帮助的时候，可以采用手势示意图，不同的手势代表不同的需求。

课堂手势图

（3）选派课堂小帮手

在课堂的日常管理中，教师可以任命课堂小帮手，让学生也参与课堂的管理。教师可以根据自己班级的需要来选择相关的小帮手，比如练习题小帮手、铅笔小帮手、橡皮小帮手、剪刀小帮手、灯光小帮手、队形小帮手等。选派课堂小帮手也要有固定的程序，比如在做练习的时候，如果学生想成为教师的小帮手，需要学生先举手示意，教师可以给举手的学生安排不同的任务（如发放和收集练习纸、铅笔、橡皮和剪刀等学习材料或者用具），并要求这些小帮手把收集好的材料或者用具放回原来的位置。小帮手可以定期轮换，教师也可以按照学生的班级学号让学生轮流当教师的小帮手。

（4）削铅笔/彩色铅笔

做练习时，如果学生需要削铅笔/彩色铅笔，可以到卷笔刀处自行排队削铅笔，要求不能趁机讲话或者制造干扰他人的声音。

（5）提前做完练习题

提前做完练习题的学生可以自己把练习题放在收集处，然后自行到书柜前挑选一本书，坐在地毯上安静地阅读。

（6）上完中文课后排队回自己教室

上完中文课后，学生需要排队回自己的教室。教师可以按照小组的形式，让学生起立，把椅子放好，走到门后，有序地排队。

在带领学生回教室的时候，要求学生按照队形走，走一小段路后（特别是在拐弯处或者是十字路口处）需要让领队的学生停下来，确保每个学生都跟上了队伍，同时确保每位学生都在教师的视线范围内。

明确的课堂程序能够让整个课堂变得更加有序，能够帮助师生共同建立良好的课堂学习环境，提高学生学习的动机，帮助教师顺利完成教学任务。

案例分析

案例一

杨龙老师二年级的中文课已经上了20分钟了，教学一直进行得很顺利，同学们都在认真听课。突然，学生Tom Smith和周围的学生大声地说起话来，并且不停地摆弄桌椅，制造干扰他人的声音。

杨龙老师

Tom，请你不要说话了！

……（当作没听见，继续说话）

Tom

杨龙老师

Tom，你听到了吗？请你停止跟其他同学讲话！

我什么都没有做，你为什么说我？

Tom

杨龙老师听到Tom的回答，提高了声音说：“你什么都没有做？我们所有人都听到你在大声地跟别人说话，还制造了很多噪音影响其他人。”

Tom开始生气并且握紧拳头大声地说：“我什么都没有做！我讨厌中文课！”然后开始暴怒地踢打桌子和椅子。

案例分析

此案例在美国课堂上是非常常见的。美国的小学生都比较活泼好动，在课堂上随意说话的情况时有发生。遇到这种情况，如果教师没有耐心或者处理不当，不但达不到制止的目的，反而会引起学生对中文教师的反感，甚至引发师生矛盾。

案例中因为杨老师处理不当，导致学生产生与教师对立的情绪。

首先，杨老师在处理的时候是当着全班学生的面直接指出学生的问题，这样就很容易伤害学生的自尊心，学生自然也不会愿意跟教师合作，反而会跟教师对立。

其次，作为教师，切忌在上课的时候跟学生争论，这样不但不会达到预期的效果，反而会让事件升级，从而影响师生关系，影响教学进度。

第三，当学生不愿意承认自己的错误的时候，教师需要更加冷静和更有耐心，而不是提高声音去指责学生的过错，或者去和学生争论，这样更容易激怒学生，从而造成反向结果。

针对案例一的情况，杨老师应该如何做才能正确地处理好呢?

首先，杨老师在遇到学生偶尔违纪的情况时，应该先采取提醒、暗示、提问等方式，给学生自我改正的机会。在适当的时候走到该生面前，与其对视，如果无效可以轻敲桌子，或小声地提醒他，这样既给足了学生面子，也不会影响课堂教学的顺利进行。

其次，杨老师可以通过鼓励周围表现好的学生，给表现好的学生进行加分鼓励或者用上移行为表现夹的方式帮助该生意识到自己的行为并且加以改正。

最后，杨老师应该利用课余时间及时与学生沟通，了解学生在课堂上这样做的理由，站在学生的角度考虑问题，通过与学生的真诚交流，帮助学生认识到自己的错误，从而加以改正。

案例二

陈锋老师在开学第一周就开始让学生对课堂规则进行有效的操练。比如，陈老师给每位同学安排了座位，要求学生在进教室的时候，安静地走进教室并且找到自己的座位。陈老师把学生带到教室门口，让学生排好队，让学生进教室前，陈老师再次跟学生强调了一下："请大家安静地进教室，找到自己的座位，安静地坐下来。"强调完以后，让学生安静地进教室，并且不停地鼓励学生说："谢谢！你们都安静地进了教室，没有人坐错位置，大家表现得非常好！以后我们每次进教室都这样，如果下次来中文教室，你们忘记了自己应该坐在哪里，可以举手问我，我会帮助你们。"

案例分析

案例二中，陈老师在带领学生操练课堂规则之"安静地进教室"方面值得我们借鉴。

首先，陈老师给每位学生安排了固定的座位，这样就避免了学生抢座位以及和朋友上课说话的情况。

其次，陈老师讲完进教室的规则后，带领学生在门口排好队，真实地操练"安静地进教室"。

再次，陈老师在让学生进教室前，再次提醒了学生，要求他们安静地进教室、安静地找到自己的位置。

最后，在学生进教室时，不停地对学生好的行为加以鼓励和赞扬，这样能够激励学生跟教师合作。

小贴士

1 指出学生错误的时候要注意场合和说话的方式

首先，切忌在公开场合批评学生。如果学生违反课堂规则，按照规定执行即可。教师要保护学生的自尊心，多采用鼓励的方式，让学生意识到自己的错误并且加以改正。

其次，切忌在公开场合跟学生争论。与学生争论不仅会伤害学生的自尊心，降低他们学习中文的兴趣，还会扰乱课程进度，让其他同学对教师课堂管理的能力失去信心。

最后，教师应该以沟通和鼓励的方式让学生认识错误并且加以改正。

2 课堂规则制订好后需要严格执行

课堂规则制订好后，肯定有学生会违反，教师一定要有心理准备。加上小学生活泼好动，自控能力不够，需要教师通过不同的方法加以提醒和鼓励。但如果学生违反了课堂规则，教师应该严格按照违反课堂规则的后果加以处理。

3 课堂中表扬学生需具体

教师在表扬学生的时候应该尽量避免经常使用“你真聪明！”“你真棒！”等宽泛的表扬，而是使用更具体的表扬，比如“你今天特别认真地听老师讲课！”“我喜欢你端正地坐在椅子上！”“我很喜欢你有问题的时候先举手！”等。

思考与应用

1. 上课的时候，学生John在不停地玩铅笔、敲打桌子、制造噪音，影响其他学生。这时候教师应该怎么处理？

2. 下课排队的时候，多个学生跑到门口，你推我挤地争抢靠前的位置。这时候教师应该怎么处理？

参考资料

【1】黄丽娟. 国际汉语教师生存指南 · 工作篇（上）[M]. 北京：高等教育出版社，2018.

【编者　尹艳燕】

02 制订中学课堂规则与程序

背景

很多满腹经纶的中文教师，走进海外的初、高中课堂时，会发现自己纵有“十八般武艺”，却无法施展。许多精心设计的教学活动，真正在课堂上开展起来时，却会让整个课堂乱成一片，最后变成教师和学生之间的“斗智斗勇”。在美国的中文课堂上，课堂管理是极其重要的一部分，它是影响课堂活动效率和质量的重要因素，也是课堂活动顺利进行的重要保障。课堂管理的重心是建立完善且可行的规则和程序，但课堂规则和课堂程序是两个不同的概念：课堂规则规范学生的行为，要求学生如何守纪；课堂程序向学生解释事情如何完成，教导他们如何行事和学习。本节将介绍适合初、高中学生的课堂规则和程序。

原则、策略与技巧

建立课堂规则

课堂规则是对所有学生在最基本的课堂语言和行为规范上的要求，让学生清楚地知道自己可以做什么、不可以做什么。课堂规则由三个部分组成：课堂规则、违规后果和奖励制度。课堂规则告诉学生应该遵守什么，违规后果告诫学生违反课堂规则后会有什么样的结果，奖励制度告知学生若遵守课堂规则会得到什么奖励。课堂规则一旦被学生接受，就会逐渐内化为学生的自觉行为，可以唤起学生内在自主的要求和自我管理的欲望，激发学生自我管理的动机，形成心理上的稳定感，并养成良好的自律习惯（康颖卿，2006）。

1 课堂规则

师生课堂互动行为规则是存在于班级课堂中、要求师生双方共同遵守的行为规范，可以分为普遍规则和具体规则两个层次（亢晓梅，胡春梅，2001）。新教师比较适合具体规则，而经验较丰富的教师则多采用普遍规则。无论是具体课堂规则还是普遍课堂规则，建议各位教师制订的课堂规则尽量不要超过五条。

（1）具体规则

具体的课堂规则直接、明确地对学生课堂中应有的行为做出了规定。比如：

课堂规则

1. 请按时到教室。
2. 请认真听课。
3. 请保持安静。
4. 请举手发言。
5. 请保持清洁。
6. 请认真完成作业。

具体规则的优势在于学生明确地知道教师的期望，教师不用做过多的解释。对于新教师来说，明确的课堂规则是很有用的。但它的缺点是需要把课堂规则限制在有限的条数内，有时候不能囊括太多的内容。

（2）普遍规则

普遍规则笼统地表达了很多行为概念以及教师对学生的期待。比如：

课堂规则

1. 尊重他人。
2. 礼貌待人。
3. 乐于助人。
4. 有责任心。
5. 诚实守信。

普遍规则的优势在于可以涵盖的内容比较广，在很大程度上能够规范学生的行为。缺点是教师要针对每一项内容做详细的阐释，比如尊重他人包括不欺负他人、不说别人闲话等。这种规则比较适合有经验的教师，他们需要知道如何鼓励学生遵守课堂规则、如何在适当的时候巧妙地纠正学生的行为。

中学生很有主见，建议教师们在开学初让学生自己尝试写出几条他们认为比较公平、公正的课堂规则，然后教师结合学生的意见，制订出合理的课堂规则。用学生们自己提出的规则限制他们的行为，会更有说服力，同时也让学生意识到他们是班级的主人翁，要共同维持班级秩序。

2 违规后果

根据学生违反课堂规则的频率及其严重性，教师需要采取不同程度的纠正措施，比如口头警告、联系家长等。建议教师清楚地了解所在学校的规章制度，根据制度建立相应的纠正步骤。

以下是笔者根据所在学校的规章制度制订的行为纠正步骤：

第一次违反规则：口头警告（verbal warning）

第二次违反规则：老师约谈（student and teacher conference）

第三次违反规则：联系家长（contact parents）

第四次违反规则：放学留校（detention）

第五次违反规则：通知学校管理层（office referral）

* 针对情节严重者，教师有权跳过任何步骤。

3 奖励规则

每个人都喜欢在出色完成任务后获得认可和特别的奖励。常见的奖励有两种：物质奖励和非物质奖励。

（1）物质奖励

常见的物质奖励有中国特色小礼品（中国结、书签、钥匙扣、红包等），还有学习用品。因为价格原因，建议教师们在国内多准备些礼品带到海外。

下图为比较常见的小礼品：

物质奖励范例

此外，还可以举行各种派对，比如爆米花派对、披萨派对等。中学生非常喜欢社交，热衷于各种派对。教师可以允许学生利用他们的午餐时间，在自己教室举办派对。

笔者所在的学校有很多教师喜欢以这种方式奖励学生，而且非常受学生的欢迎。这种奖励最好是全班性的，若是在一段时间内全班没有发生任何违规行为，全班同学都能参加派对，这样学生们就会有很大的积极性帮助教师利用同伴压力管理课堂。

（2）非物质奖励

常见的非物质奖励有：① 口头或书面表扬。对于有进步、表现优秀的学生，教师可以通过书信、打电话、发邮件等形式告知学生家长，以此鼓励学生。教师也可以在教室的固定位置张贴“每周之星”或者“每月之星”等。② 自由时间。如果所有的学生在一周内都表现出色，教师可以在周五开设活动课，在综合性活动中帮助学生学习中文、放松心情。比如开设书法、美术、跳绳、下棋、踢毽子等文化体验活动，也可以玩“谁是卧底”、中文“大富翁”等游戏。如果校方同意，也可以播放《十二生肖》、北京奥运会开幕式、《功夫熊猫》等影视资源。

行为管理是人类社会中一种最基本的管理活动。学生的行为管理分为以下四个阶段：

第一阶段：以自我为中心。表现为不遵守课堂规则。

第二阶段：感受他人管理。由于教师的奖励制度和违规后果，学生意识到自己的行为需要遵循一定的要求和规范，而不能无所顾忌、为所欲为。

第三阶段：认同他人管理。学生愿意接受别人的提醒和管理。

第四阶段：产生自我管理意识。学生的思想和行为受自身内在力量的驱使，而不是屈从于某种外在的压力。

各个阶段表明，行为奖励只是一种正向激励，是管理学生行为的手段之一，其最终的目的是通过外在的奖励，培养学生达到内在的自我管理境界。成功的管理是不刻意的管理，最高境界是学生形成自觉意识。

4 严格执行课堂规则

制订了有效、可行的课堂规则后，教师要坚决执行，及时纠正学生的不良课堂行为，要对学生的违纪行为持零容忍的态度。同时教师也要做到赏罚分明，公平、公正地对待每一位学生。在美国学校里，一些学生在其他科目上表现得非常好，没有任何行为问题，但到中文课上就会出现各种纪律问题，且不尊重教师。笔者现任教于美国的一所初中，学校里的中文教师在课堂管理上遇到了很大的挑战。于是笔者对学生做了一次问卷调查，主要内容是关于中文教师的课堂管理。以下为比较典型的回答：

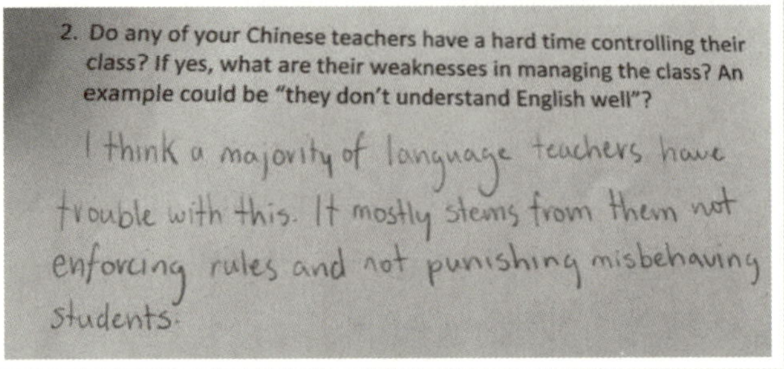
2. Do any of your Chinese teachers have a hard time controlling their class? If yes, what are their weaknesses in managing the class? An example could be "they don't understand English well"?

I think a majority of language teachers have trouble with this. It mostly stems from them not enforcing rules and not punishing misbehaving students.

问卷调查1

2. 你的中文老师在进行课堂管理时是否遇到过困难？如果遇到过，他们在进行课堂管理时的弱点是什么（比如"他们的英文理解能力不太好"）？
我认为大多数语言老师都有这个问题。这很大程度上源于他们没有执行规则、不惩罚行为不当的学生。

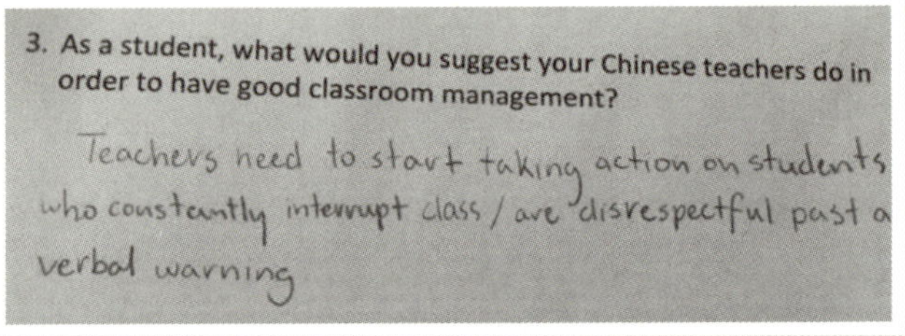
3. As a student, what would you suggest your Chinese teachers do in order to have good classroom management?

Teachers need to start taking action on students who constantly interrupt class / are disrespectful past a verbal warning

问卷调查2

3. 作为一名学生，你对中文老师做好课堂管理有什么建议？
老师需要开始对那些经常打断课堂的学生采取行动。

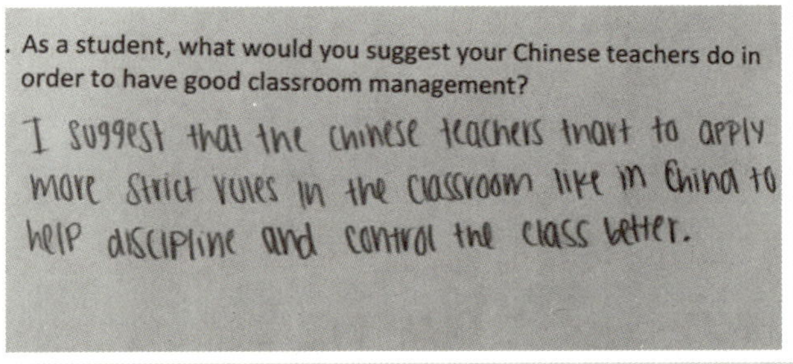
. As a student, what would you suggest your Chinese teachers do in order to have good classroom management?

I suggest that the chinese teachers tnart to apply more strict rules in the classroom like in China to help discipline and control the class better.

问卷调查3

3. 作为一名学生，你对中文老师做好课堂管理有什么建议？
我建议中文老师在课堂上应该像在中国一样，使用更严格的规则来帮助建立更好的纪律和控制课堂。

调查显示很多学生认为中文教师不够严格，即使他们违反课堂规则，也不会有任何后果，最多是口头警告。尽管有些教师已经建立了完善的课堂规则，但是他们并没有严格地执行，也没有坚持训练学生以强化正确的行为，导致这些课堂规则没有任何权威性，形同虚设。

设计课堂程序

一些教师的课堂上学生出现行为问题，一个很重要的原因是缺乏有效的课堂程序，学生不清楚教师的期望、不知道如何完成教师布置的任务。经验丰富的教师会在学年之初设计一套系统且行之有效的课堂程序，从一开始就杜绝问题的发生。

一套完善的课堂程序有助于减少时间的浪费、避免混乱的发生。在学生掌握课堂程序以后，教师则不需要浪费时间来解释活动规则与流程。以下是笔者认为比较适合中学生的课堂程序：

1 进教室的程序

学生抵达教室后，如果教室外或走廊里有足够的空间，可以要求学生在外面排成一队，安静等待教师的指令进教室。

下图为教师贴在门上提醒学生排队的指令：

提醒学生排队的指令

收到教师的指令后，学生要安静有序地走进教室，并将书包放在指定的地方。如果学校有要求，教师需要在门口迎接学生并维持走廊里的秩序，这时候教师最好用中文向学生问好。书包放置完毕，学生应该走到教师摆放热身作业（warm up）的地方，拿起一份作业，然后安静地坐在自己的座位上，开始做作业。建议每位中学教师每日要求学生做热身作业，既可以让学生迅速静下心来学习，又可以帮助学生巩固和复习前一天学习的内容。

2 取作业和交作业的程序

建议中学教师在教室的固定角落设置一个取作业和收作业的地方。中学生有较强的自主能力，教师应该训练学生自己取作业、自己交作业。在任何管理系统中，帮助学生很好地管理自己都是一个重要目标。鼓励学生自我管理可能需要额外的时间，教学生如何自己负责，可能不如教师自己关照所有的事效率那么高，但是这种努力是非常值得的

（顾援，2000）。而且这个年龄段的学生非常注重自己的隐私，他们有时候会很介意别的学生看自己的作业内容。因此，自己取作业和交作业，既避免了传作业时的混乱，同时也保护了他们的隐私。

下图为取作业和交作业方式的范例：

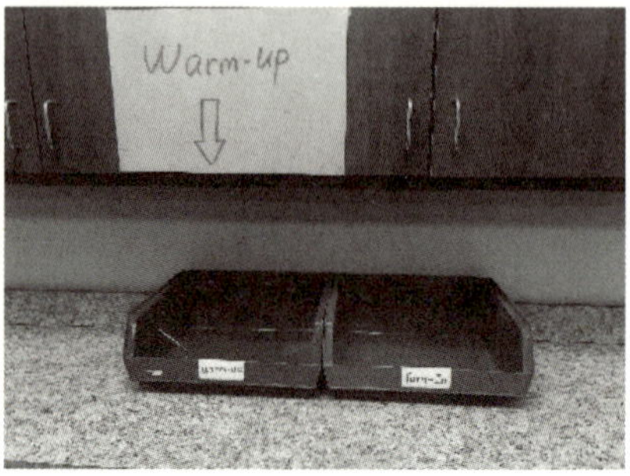

取作业和交作业方式的范例

3 让课堂安静的程序

很多教师发现，小组讨论后有时候很难让学生立刻安静下来。这种情况下，教师要有自己的一套程序来集中学生的注意力。以下是比较常见的方法：

（1）教师举手并倒计时数数→学生举手并停止说话→全班安静。

（2）教师有节奏地拍手→学生跟着教师的节奏拍手并停止说话→全班安静。

（3）教师使用教具（比如铃铛）制造声响→学生听到声响后停止说话→全班安静。

（4）教师播放一段固定的音乐→学生听到音乐后停止说话→全班安静。

让学生安静的方法有很多，教师可以根据自己班级的情况，设计出适合自己学生的程序。从学期之初，教师就要坚持不懈地训练学生，直到这些程序成为日常习惯。教师一定要等到所有人都安静了，才开始下一步教学。

若教师事先告诉学生讨论的时长，学生带着时间概念去完成任务，会大大减少教师管理课堂的时间。比如给学生两分钟的讨论时间，待布置完指令后即刻检测学生的理解度，可以问学生："现在是11：07。你们应该什么时候停止讨论？"学生回答："11：09。"在学生讨论期间，教师也可以在幻灯片上显示倒计时动画或者计时器漏斗等。

4 学生寻求帮助的程序

教师一般不喜欢讲课时被打断，但现实中总有些学生因为特殊情况，需要得到教师的注意，比如学生要削铅笔、去厕所、有疑问等。教师要建立一套完整的程序，尽量减少对课堂的影响。很多教师训练学生使用手势语言来示意教师，教师可以点头或摇头回应，这样就减少了时间的浪费。以下是课堂中常见的手势：

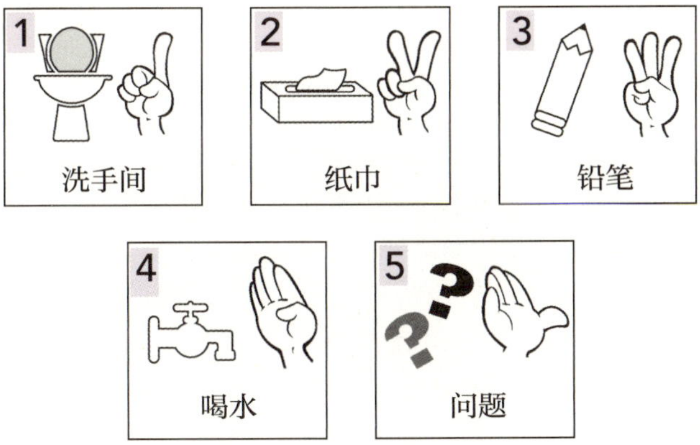

学生寻求帮助的手势

5 提前完成任务的程序

每次做作业或者考试的时候，总是有些学生完成得很快，另外一些学生需要稍长的时间思考和做答。因此教师要有一套程序，让先完成任务的学生知道下一步要做什么。如果学生无事可做，他们很可能会打扰别的学生，影响课堂学习的氛围。中学生提前完成任务后，他们可以：

（1）阅读中文图书。教师可以在教室里布置一个中文阅读角，学生可以选择喜欢的图书阅读。

（2）继续完成之前未完成的其他中文作业。

（3）做一些有附加分（extra credit）的中文功课。

（4）复习课堂笔记。

教师一定要让先完成任务的学生有事可做，这样既可以避免学生浪费学习的时间，也在很大程度上减少了学生的行为问题。

右图为中文阅读角范例：

中文阅读角

6 下课的程序

宣布下课的不是铃声，而是教师。学生要经过教师的允许，方可离开座位。学生要按照教师的要求清理学习区域和摆放课桌椅，然后才可以离开教室。

有些教师会在自己的教室贴出如下指令：

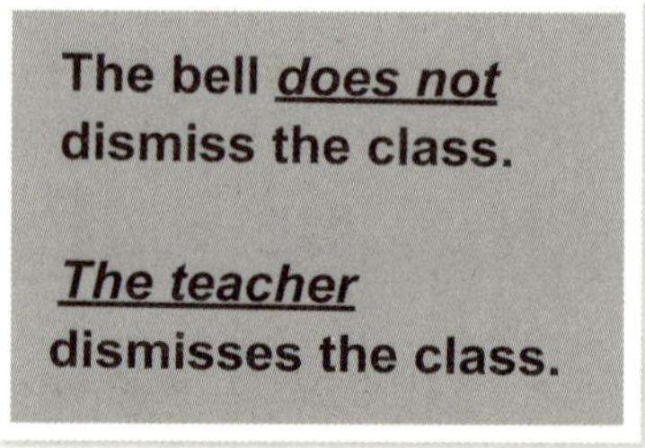

下课程序指令

案例分析

案例一

任教于美国Apple Middle School的张丽老师，在中国有十几年的教学经验，今年是她第一年在美国教书。学期初很多本土教师告诉张老师学生很难管理，但是都没有引起张老师的重视。张老师觉得自己有这么多年的教学经验，管理初中的学生不会有任何问题，因此张老师也没有制订系统的课堂程序。开学第一周，张老师意识到学生进教室后不会径直走向自己的座位，而是三五成群地在一起聊天。上课铃响后，仍然有些学生没有坐下。接下来的几周，情况更糟糕，有些学生甚至一进教室就开始追逐打闹、大声喊叫。于是张老师不得不停止教学，开始教学生如何正确地进教室。但是学生的错误行为已经养成，张老师花了更多的时间和精力去纠正他们。

案例分析

很多经验丰富的国际汉语教师，在不了解西方教育文化的情况下，会像张老师一样一心想着备课和教学设计，不会花太多的时间和精力在课堂管理上。但是教学计划真正在课堂上开展起来时，犹如纸上谈兵，整个课堂乱成一片。张老师在学期开始前没有建立系统的进教室程序，因此学生不清楚教师的期待，不知道正确进教室的方法。在这种情况下，有些调皮的学生会趁机交头接耳、追逐打闹等。

课堂程序是教师顺利授课的基本保障。学年之初，教师要建立一套完善且可行的课堂程序。在开学的前几周，教师要花一些时间将这些程序教授给学生。虽然刚开始可能会浪费一些时间，但一旦学生将课堂程序变成习惯，在今后的教学中会省去教师更多的时间和精力。若一开始没有让学生养成良好的习惯，将来教师反而要花更多的时间去纠正学生的行为。

案例二

陈玲是Apple High School的一名中文教师。陈老师在学期初制订了一套课堂规则，并张贴在教室里，其中有一项是学生不能讲悄悄话。有两个学生连续几次在她讲课的时候窃窃私语，她每次都给这两个学生口头警告。按照陈老师的违规后果，在学生第二次违反规定时，她就应该联系家长。但是陈老师担心自己的英语水平不好，怕沟通不顺，因此她从没有采取下一步措施。可是没过几天，在陈老师讲课的时候，这两个学生又开始交头接耳，不认真听课。

案例分析

首先，陈老师在学期初就设计一套课堂规则和违规后果是非常值得肯定的。但是陈老师没有严格地执行课堂违规后果，这让她建立的课堂规则失去了权威性。这两个学生几次不遵守陈老师的课堂规则，是因为他们已经知道陈老师只会给口头警告，学生已经摸清了她的底线，所以才不断地违反课堂规则。如果陈老师在学生第二次违反规定时，就采取相应的措施，学生应该会停止讲话。

其次，陈老师不应该害怕和家长沟通，在学生的学习过程中，教师与家长建立良好的关系是至关重要的。很多教师害怕给违纪学生的家长打电话或发邮件，一方面是因为他们觉得自己的英语不好，担心表达不清楚；另一方面，他们也不希望别人知道自己管理不好班级，好多时候都是能忍则忍，不希望惊动家长或者学校的管理层。在美国学校，管理学生不只是教师的责任，若学生的违纪行为很严重，家长的支持及学校领导层的帮助是非常必要的。

案例三

张玲老师是美国Apple High School的中文教师，最近她一直抱怨学生在她上课的时候玩手机。尽管她在教室的门上和教室里都贴了“禁止用手机”的标识，在学期初她也告诫了学生在教师讲课时不能玩手机，但总有几个学生趁她讲课的时候偷偷地玩手机。

案例分析

首先，张老师禁止学生在学习时间玩手机的举动是对学生负责的。中学生几乎人手一部手机，他们大量的业余时间都花在了电子产品上。他们喜欢社交，容易被新鲜的事物吸引。很多学生都喜欢将手机随身携带，一有机会就拿出来查看信息或者和朋友聊天。

为了杜绝学生上课玩手机的现象，教师可以试试这个方法：要求学生将手机放入书包内，并将书包放在指定的地方，将书包和学生分离。美国教室里的课桌大多数是没有抽屉的，教师可以要求学生将书包放在教室一个固定的位置，比如放在教室的一个角落或者空闲的柜子里等。这样可以在很大程度上减少学生玩手机的机会，同时也可以减少学生被书包绊倒的可能。

案例四

李锋老师任教于Apple Middle School，他是一位出了名的严格教师。课堂上李老师对学生非常严厉，对学生的违纪行为持零容忍的态度，同时也对学生的学业有很高的期待。放学后李锋老师也会参加学生的各项课外活动，比如学生的各种体育竞赛、演唱会、毕业舞会等。尽管李老师很严格，但是学生都非常喜欢他，也很尊重他。

案例分析

李老师在课堂上对学生非常严格，因此他的教学活动能够顺利进行，这样学生学习的环境能够得到保障。教师的期望对学生的成绩有巨大的影响。学生学的多少往往跟教师的期望值的高低有关。那些被教师寄予厚望的学生往往比不被老师寄予期望的学生学到的要多。李老师对学生的高期待，能够帮助学生达到更高的标准，让他们感到自己中文学习上的进步，使其有成就感和自豪感。这样就自然而然地形成了良性循环，学生学习中文的动力也会越来越强，因此学生都很尊重他。

其次，李老师参加学生的各项课外活动，能够拉近师生间的关系，让学生知道教师是很关心他们的。教育不仅要重视知识的传授，更要注重师生间的情感交流，教师与学生之间应该建立积极和互信的师生关系。因此，为了和学生建立互信的关系，许多教师会牺牲自己的个人时间，在学生的各种竞技比赛现场为他们加油呐喊。美国的学生经常会参加各种运动比赛、话剧表演、音乐会、舞会、艺术作品展等，建议在美国任教的中文教师多去参加这些活动，增进师生间的密切关系。一旦建立这种互信的师生关系，学生会更加尊重教师，也更愿意支持教师的工作，这对教师的课堂管理会有很大的帮助，使教师的教学事半功倍。

小贴士

1. 教师要严格执行各条课堂规则，做到奖惩分明。
2. 开学初教师要带领学生不断地演习各项课堂程序，让程序变成学生的日常惯例。

思考与应用

课堂规则和课堂程序的区别是什么？

参考资料

【1】Harry K. Wong, Rosemary T. Wong *The First Days of School: How to Be an Effective Teacher*[M]. Mountain View, CA: Harry K. Wong Publications, 2009.

【2】Geddes D., Easterday D., Canter L. *Lee Canter's Assertive Discipline Positive Reinforcement Activities*[M]. Santa Monica, CA: Canter & Associates,1983.

【3】康颖卿. 新课改下课堂规则的重建[J]. 成都教育学院学报, 2006 (4).

【4】亢晓梅，胡春梅. 师生课堂互动行为规则制定和落实策略[J]. 教学与管理, 2001(2).

【5】顾援. 课堂管理刍议[J]. 教育理论与实践, 2000 (12).

【6】宋秋前. 当代课堂管理的变革走向[J]. 教育发展研究, 2005 (17).

【编者　韩洪柳】

03 制订沉浸式课堂规则与程序

背景

前文综合介绍了中文课堂管理遵循的主要原则以及涉及的主要内容。本节将以小学中文沉浸式课堂为例，从细节上立体、全面地介绍沉浸式中文课堂中的班级规则与程序，并结合实际案例来思考如何在实际情况中实施这些规则与程序。

原则、策略与技巧

沉浸式中文课堂实施课堂管理的主要策略

1 进行科学、合理的教室布置

教室的布局会对教师的课堂管理产生直接影响，例如桌椅的摆放会直接关系到学生接受教师指令的效果以及学生的活动空间。教师可以尝试不同的桌椅摆放方式，例如马蹄形、小组型、中国传统型等，找到既适合自己教学方式、又适合学生学习方式的桌椅摆放模式。理想的桌椅摆放效果是：学生能够快速地接收到教学信息，并能够和同学、教师进行有效的互动；教师能够高效地传递教学信息，并能通过走动顺畅地和学生进行互动交流。

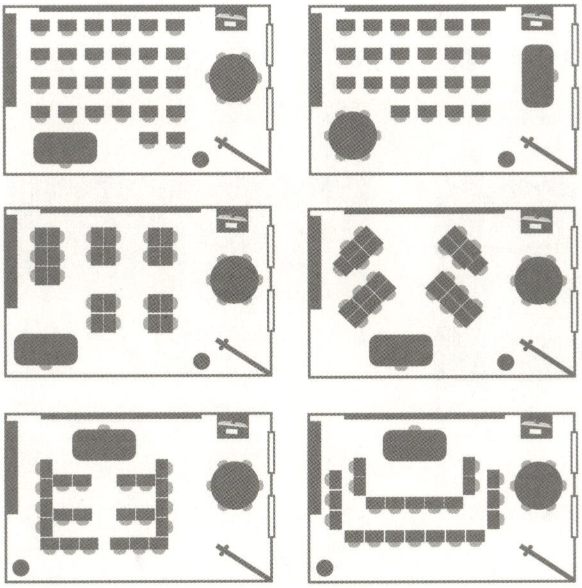

教室中桌椅摆放的方式

墙面的布置也会对课堂管理产生影响，它主要涉及课堂规则的呈现以及奖励的呈现。课堂规则需要在一个学生能够快速看到的地方展示，建议展示在学生面对的那面墙上，时时提醒学生遵守课堂规则，这样也是方便教师在课堂上谈及课堂规则的时候能够快速地指到课堂规则。

此外，为了课堂管理的顺利执行，奖励区也是需要重点展示的版块。建议教师按奖励的大小把奖品有序地挂到墙上，还可以在奖品的边上写上对应物品的中文名称及人民币价格。这个奖励区也建议展示在学生面对的那面墙上，时时激励学生。奖品则建议用比较有中国特色的、学生生活中不常见的物品，这样能让学生对奖品有强烈的新鲜感和好奇感。

小学二年级中文沉浸式教室中奖励区域的设置

教室布置中还有很多细节会影响教师的课堂管理。例如开学初座位指示标记的使用，能够帮助学生迅速地找到自己的位置，同时也方便教师快速地叫出学生的名字，让课堂变得更顺畅。再比如在低年级教室里的排队区域的地面上贴上一些排队的指示标记（如排队条、排队圆点），这样能够让学生快速地排成直队，也能让学生在队伍中对号入队。

小学二年级中文沉浸式教室中的桌椅设置及座位指示标志的设置

教室中地面上排队指示标志的设置

2 制订简洁明了的课堂规则

首先教师要制订或请全班同学一同制订（适合高年级学生）简洁明了的课堂规则。这些课堂规则通常需要以海报的形式张贴在班级内，因为这可能会是某个学区教师评价体系中的一个考核点。课堂规则建议不要太多，五条左右比较合适，例如：① 说中文；② 眼睛看老师；③ 耳朵听老师；④ 上课要认真；⑤ 手脚要放好；⑥ 排队要整齐；⑦ 举手问问题等。低年级的教室的课堂规则最好配上相应的图片，为学生理解课堂规则提供视觉支持。

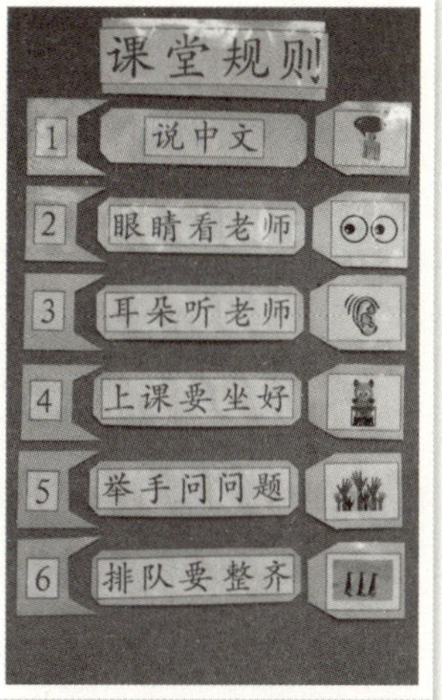

小学二年级中文沉浸式教室的课堂规则

课堂规则可以简洁明了，班级规则则可以细致入微。课堂规则主要包括学生在课堂上的行为规范。班级规则涵盖了班级内各项规定的方方面面，包括奖励系统、后果系统、排队的规则、交作业的规则，等等。

3 制订以奖励为主、以后果为辅的行为管理系统

行为管理系统是班级规则的核心。这个系统的建立及完善与否将关系到整个课堂管理的顺畅程度。行为管理系统包括奖励系统和后果系统。以奖励为主，打造积极向上的班级氛围；以后果为辅，纠正不恰当的行为。建议奖励系统和后果系统分开，这样一方面教师执行起来比较简单，另一方面学生不容易钻两个系统的空子。两个系统在一起有可能出现这种情况：某个学生先扰乱课堂秩序，然后再慢慢用好的表现抹去之前的不恰当的行为，然后这个学生就不用履行相应的后果了。

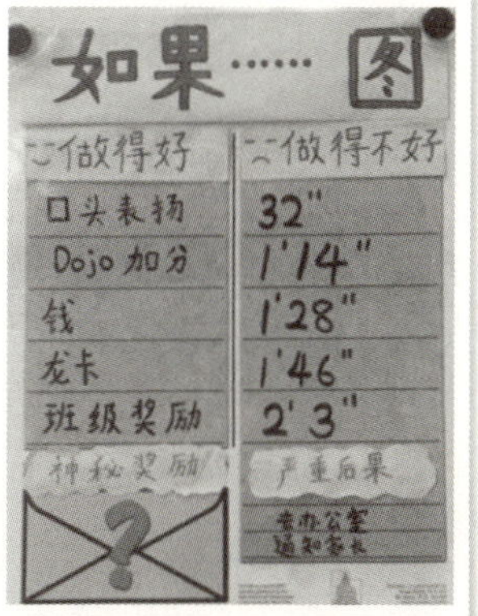

小学二年级中文沉浸式教室的奖励与后果图

奖励系统：教师可以使用ClassDojo系统，它操作方便、功能强大，家长还能在自己的终端设备上看到自己孩子每天的表现。中文教师和英文搭档可以一起使用ClassDojo系统。ClassDojo系统上，教师可以给个人加分，也可以给团队加分。个人加分项由教师决定，可以是努力学习、帮助他人、认真学习不走神、积极参与课堂活动等；团队加分项可以有团队合作、努力学习、积极参与课堂活动等。每个学生的分数最后可以和班级钱币挂钩，有多少分就可以得到多少课堂钱币。课堂钱币的形式可以由教师们自由发挥，可以用美元、人民币的代币，也可以自行设计，很多教

师还把自己的照片印在纸币上做奖励。学生获得课堂钱币后可以在教室里买东西或在班级拍卖会上买拍卖品。

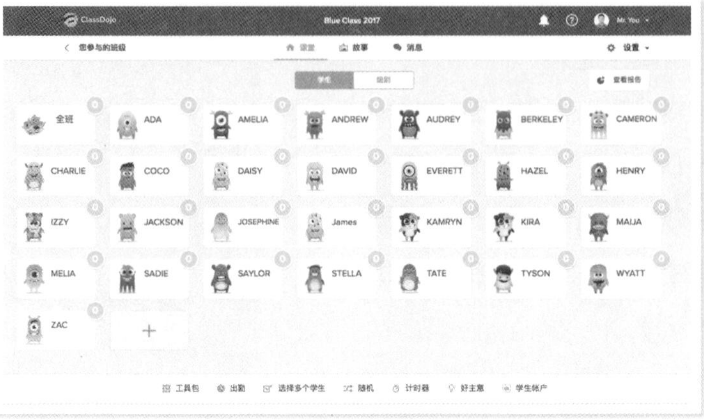

ClassDojo系统

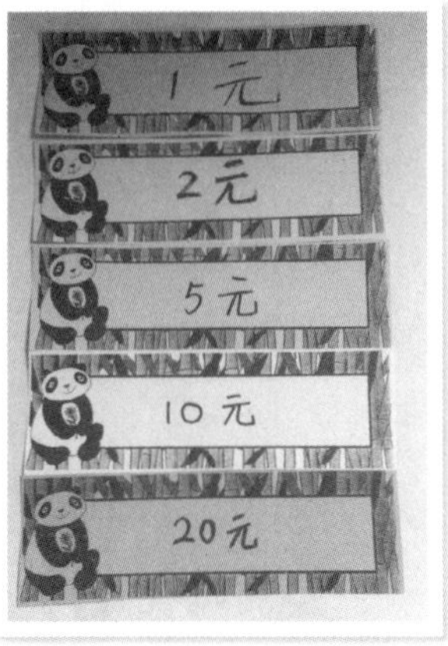

课堂钱币

后果系统：不需要太复杂，要简洁明了，便于操作。后果系统建议采用梯度后果系统，后果由轻到重。可以用学生普遍比较在乎的自由操控时间或下课休息时间（建议教师先征得学校同意）来执行这套后果系统。建议教师使用自由操控时间，这样不会占用学生下课休息的时间。自由操控时间是教师每天安排完所有的教学内容后预留出的5到10分钟，学生可以自由支配这段时间，如看书、用平板电脑学习中文以及多学科知识、玩教学游戏、做手工等。

第一梯度的后果是减去32秒自由操控时间，第二梯度是减去1分14秒，第三梯度是减去1分28秒，第四梯度是1分46秒，第五梯度是2分3秒，之后是较严重的后果。第六梯度是通知家长，第七梯度是校长、教师、家长、学生四方会谈。在给予第六梯度的后果之前，教师最好给学生一段较长的冷静、反思时间，找到合适的机会单独和这名学生交流一下，尽可能正面、积极地去引导这名学生改正自己的行为。

学生在履行减时间后果的时候要站在时钟前面看着秒针一格一格地走，然后心里默数这个时间，数完后举手。其实每次学生履行减时间后果的时候，也是这个学生进行自我反思的时间。教师可以根据实际情况在学生履行减时间后果之前或之后与学生进行适当的交流，积极引导学生改变自己的行为。之所以用减时间作为梯度后果系统的主体，是因为有研究表明下课时间的头3分钟（以15分钟的下课时间为例，从开始下课的第1分钟到第3分钟）是学生找到自己社交小组的重要时间，如果学生错失了这3分钟的时间，这个学生有可能会错失加入自己喜欢的社交小组的重要时机。自由操控时间也是如此，他们需要找到自己的社交小组。梯度后果系统的核心是给学生造成“不便”，而对教师的时间没有太大影响。选取的时间长度不是像半分钟、一分钟、一分半钟、两分钟这样比较有规律的时间长度，而是像1分14秒、1分46秒这样不规律的时间长度，这样的时间长度会让学生感觉时间较长，而且学生在一秒一秒地数的过程中也会产生一种时间很长的感觉。这些时长都不会超过3分钟，因此不会让学生失去太多的时间，又足够给学生造成一定的“不便”。

4 严格执行班级规则

一套完整的行为管理系统只是基础，同样重要的是严格执行这套系统。如果对学生不恰当的一些行为睁一只眼闭一只眼，系统的效果会大打折扣。同样，如果对学生的积极表现没有及时用言语或奖励肯定，学生的学习积极性也会大打折扣。严格执行，就是在第一时间对每一个学生的每一次行为表现做出反馈。此外，严格执行还体现在教师一如既往地坚持执行这套系统，也体现在教师公平地对班级里的每个人施行这套系统。我们希望以奖励为主、以后果为辅，正面、积极地去追求强度和广度上的严格执行。

5 行为表现体系和课堂表现体系大体上分开，但是又相互配合

之所以这样设置是因为行为表现和课堂表现基本上是两套体系。行为表现体系主要是对学生遵守课堂规则的相关行为做出反馈的体系，例如用龙卡系统（一种全校性的行为奖励系统）对学生正面的行为进行奖励，像给排队的时候站得非常好的学生发龙卡、给在准备上课的时候准备得非常好的学生发龙卡等。很多学校都有自己的全校性的行为奖励体系，比如在学校内使用一种特定的纸卡作为奖励，或者学校印制自己的“货币”作为奖励等。负面的行为就用后果系统来给予反馈。而课堂表现体系主要是对学生参与课堂活动的相关表现做出反馈的体系，例如通过小组“爬梯子”竞赛系统来给予及时反馈，学

Draper Dragon Scale

Name:____________________

Was caught being:

☐ Kind
☐ Safe
☐ Responsible
☐ Other:__________

By Mr. You

Green Creek Elementary School 的全校性行为管理系统里的龙卡

二年级中文教室中的小组“爬梯子”竞赛系统

生回答出教师的一个课堂问题时，教师就马上给这个学生所在的组加上一分（代表那个小组的人形夹子移上去一格），以此来对这个学生的学习表现给予积极的反馈。这样把两套体系分开便于教师清晰地给予学生反馈，不容易出现忘记给学生反馈或不知道给学生哪种反馈的情况。行为表现体系和课堂表现体系还是互相配合的关系，对学生遵守课堂规则的正面行为给予奖励会对学生课堂表现产生积极的影响，利于产生正面行为的良性循环；对学生课堂表现中的积极行为给予奖励也会对学生遵守课堂规则的行为产生积极的影响。

6 和英文搭档沟通交流、合作

在中文沉浸式项目（通常是50/50模式的沉浸式项目）中，中文教师会有一个英文搭档。通常中文教师的英文搭档都是比较有经验的教师，有时候英文搭档还可能是中文教师的指导教师。双方应多交流，两位教师的配合会对彼此的教学产生重大影响。开学前，两个人最好花一些时间仔细讨论并定下在两个班里即将实施的课堂管理的每一个细节，包括采用哪种行为管理系统、奖励和后果机制如何操作、如何发/交作业、如何排队、如何换班、是否使用班级钱币、若使用班级钱币中英文钱币是否通用等。这些细节涉及课堂管理的方方面面，讨论完成后最好形成一个文字版的班级公约。平时，教师们也要多和自己的英文搭档沟通交流各种课堂管理的细节，例如自己在执行课堂规则时遇到的困难、在实际操作过程中发现的现行课堂规则的漏洞、某个学生最近异常的行为表现、如何和家长沟通某个学生的课堂行为问题等，合作设计出能经得住现实检验的积极、高效的课堂管理体系，共同面对、解决涉及课堂管理的各种问题。

7 与家长的沟通交流、合作

班级公约确认之后，需要得到家长和学生认同。通常在返校夜期间，中文教师和英文搭档会给每个家长一份班级公约，让家长和学生在上面签上名字，表示他们对公约的认同。教师们要保存好家长、学生签了名的这份档案，方便将来查看或使用。平时教师们要及时与家长沟通（邮件沟通、电话沟通、面谈沟通）学生的行为问题，因为有可能会出现家长由于教师没有及时告知而投诉教师的情况。如果是较为严重的行为问题，教师们除了要通知家长外，还有可能要联合家长，让家长配合教师在家也实行一定的奖惩措施，通过家校合作来尝试一起努力解决问题。正面的行为表现，教师们也可以及时告知家长，例如某学生在行为表现上有突出进步，教师可以给该学生写一张表扬卡并让这位学生带回家给家长看，或者给该学生的家长写邮件，这个看似平常的举动会让学生和家长都感受到教师的关心和肯定，可以一起分享这种进步带来的快乐。

PLEASE SIGN AND RETURN THIS PAGE TO SCHOOL

I have read the disclosure statement and have discussed it with my child. While in 2nd grade we will do everything possible to honor and support this plan.

Student's name ______________________________

Parent's Signature ______________________________

Student's Signature ______________________________

Today's Date ______________________________

What is the best way I can contact you?

______________________________ Email

______________ Daytime Phone ______________ Evening Phone

班级公约中需要家长填写并交回的部分

8 鼓励学生积极主动地参与课堂管理

与其让学生被动地被管理，还不如让学生积极主动地参与课堂管理，这样既能培养学生的责任意识，又能让学生协助教师实施课堂管理。在沉浸式中文课堂中经常用到的方法是给学生分配不同的工作任务。学生们非常乐于有一份班级工作，而且他们做班级工作的时候非常积极，工作的效果也非常好。教师可以发挥创意给班级里的每一个学生一份班级工作，例如灯光管理员、植物护理员、门窗管理员等。教师也可以根据需要设定一定数量的班级工作，如果不能每个学生都有一份工作，可以进行定期的轮换。

中文沉浸式课堂中学生任务展示区

9 从不同层面出发，全面营造积极氛围

从不同层面（个人、团队、班级）去鼓励正面的行为表现，有利于最大化地、全面地去营造积极向上的班级氛围。从个人层面来说，对于突出的个人行为表现教师应第一

时间做出反馈，例如教师看到一个学生正在积极主动地引导另一个学生解答一个数学难题，就可以马上在ClassDojo上给这个学生加一分（帮助他人）。从团队层面来说，主要是用小组竞争的方式来鼓励团队合作，利用竞争机制来激发大家的学习积极性。例如，之前提到的小组“爬梯子”竞赛系统把学生分成三个小组，在上课过程中，根据每组中学生参与的情况，给各组加分。当达到一定分数时，给整组的学生在ClassDojo系统上加上一分（团队合作）。从班级层面来说，主要是用两个班级相互竞争的方式来鼓励集体合作，利用竞争机制来激励班集体不断努力。例如，当一个班在一天的教学时间内都没有人被减去时间，这个班就可以以班级为单位加一分，看看哪个班级能够更快得到15分。得到15分之后可以抽取班级奖励，如穿睡衣来学校、去体育馆玩10分钟、早下课10分钟（需要征得学校同意）、在教室里玩10分钟、获得一天全班自由选位置的机会等。

10 差异化地进行行为引导

不同的学生可能需要教师用不同的方法去引导他们的行为，这就是差异化地进行行为引导。举一个例子，教师可能会发现有学生不在乎被减去时间，因此经常违反课堂规则，甚至发展到校长、家长、教师、学生需要一起开会探讨解决方案。这时候就需要用一些特殊的行为管控方法或奖励系统来引导这样的学生的行为。例如，教师可以通过个性化的行为评价系统对学生当天的行为做出评估，也让学生对自己当天的行为做出自我评估，评估结果会量化为分数。事前教师和学生一起制订分数目标，评估结果出来之后，如果学生达到了分数目标教师就给予这个学生个性化的奖励。课后学生会把这样的行为评价表格带回家给家长签字，家长根据之前和孩子一起制订出的奖惩系统来给予反馈。家校一起努力来引导学生的行为。

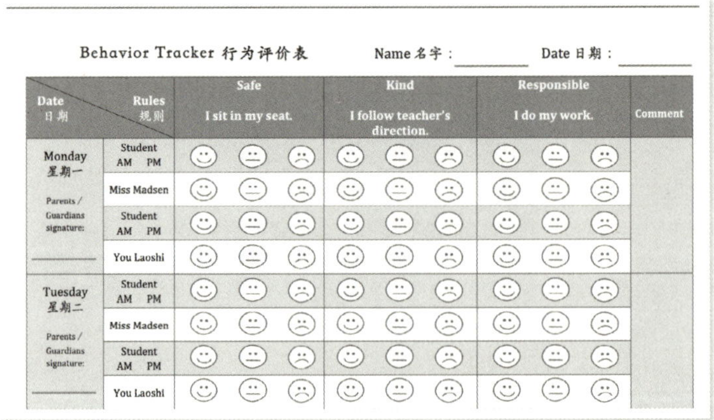
Behavior Tracker 行为评价表　　Name 名字：______　　Date 日期：______

Date 日期 / Rules 规则		Safe I sit in my seat.	Kind I follow teacher's direction.	Responsible I do my work.	Comment
Monday 星期一 Parents / Guardians signature: ______	Student AM PM	☺ 😐 ☹	☺ 😐 ☹	☺ 😐 ☹	
	Miss Madsen	☺ 😐 ☹	☺ 😐 ☹	☺ 😐 ☹	
	Student AM PM	☺ 😐 ☹	☺ 😐 ☹	☺ 😐 ☹	
	You Laoshi	☺ 😐 ☹	☺ 😐 ☹	☺ 😐 ☹	
Tuesday 星期二 Parents / Guardians signature: ______	Student AM PM	☺ 😐 ☹	☺ 😐 ☹	☺ 😐 ☹	
	Miss Madsen	☺ 😐 ☹	☺ 😐 ☹	☺ 😐 ☹	
	Student AM PM	☺ 😐 ☹	☺ 😐 ☹	☺ 😐 ☹	
	You Laoshi	☺ 😐 ☹	☺ 😐 ☹	☺ 😐 ☹	

特殊的行为管控方法——行为评价表

❤ 奖励 ❤		
1	排队站在第一个	
2	削铅笔	
3	帮老师抽签	
4	得到一次玩“桌子上、背后”的游戏的机会	
5	说一次“老师做”/“学生和老师做”/“学生们做”/“自己做”	
6	和游老师一起吃午饭	
7	画一幅画给……	
8		
9		
10		

配合行为评价表施行的个人化奖励方案

11 教师的语言

在整个课堂管理过程中，教师的语言会对课堂管理产生重大影响。教师语言需要注意：语速要适当、指令要清晰、语言难度要符合学生语言水平、语调要坚定而不坚硬、语气要带情感而不带情绪。特别是在给学生指令的时候，教师的指令要清晰，而且最好有连贯性、一致性，不要经常改变课堂指令。在低年龄段的教室里，教师在发出课堂指令的时候，还要注意根据情况用一些肢体语言进行支持，例如教师说“请大家站起来”的时候，可以用手势来帮助学生理解。在一所有多个中文教师的学校中，教师们也要注意与其他同学校的中文教师保持基本课堂管理的语言指令的一致性，例如学生在一年级的时候，教师经常用的是“站起来”，但如果二年级的时候，教师换成“起立”，学生们可能就会一下子反应不过来，影响学生接收课堂指令的效果。

其中需要特别注意给予学生后果反馈的指令。教师可以尝试用“精确指令”，分为两步，第一步用“请”，例如教师发现一个学生在教师教学的过程中一直在说话，这时教师可以说：“××（名字），请你认真听讲！”给出指令后要给学生留大约10秒左右的反应时间，这期间教师可以继续上课。10秒钟过后如果该学生停止说话了，教师就给予积极反馈：“××，谢谢你认真听讲！”；10秒钟过后如果该学生还在继续讲话，这个时候到第二步，用“要”：“××，你要认真听讲！”同样地，教师要也给学生留10秒的反应时间，10秒钟过后如果该学生停止说话了，教师给予积极反馈：“××，谢谢你认真听讲！”；如果10秒钟过后该学生还在说话，教师需要提醒学生后果：“××，你的行为违反了‘上课要认真’这条规则，你被减了32秒。”通常情况下，教师每次都需要在做完这两步之后，才能给予后果反馈。教师在给予后果反馈的时候，语气要坚定、语言要简练、指令要到位，要避免浪费大量教学时间。

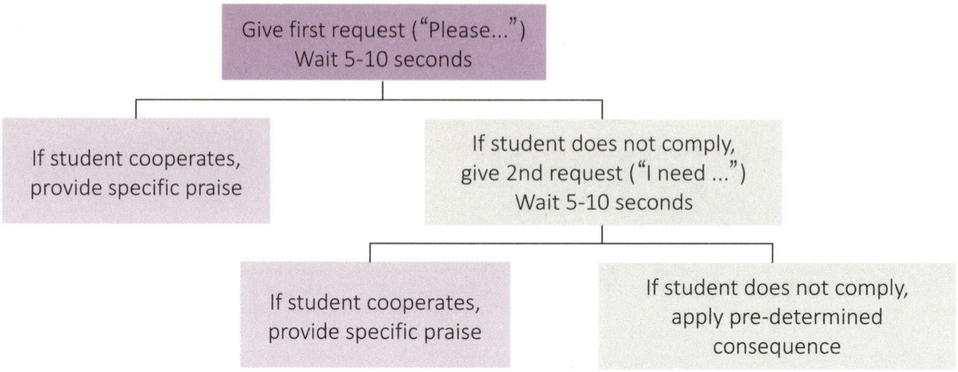

英文教室里的Precision Requests执行流程

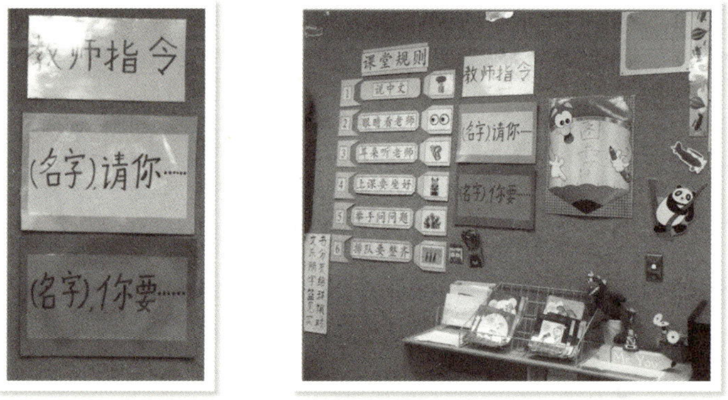

中文教室里提醒教师运用“精确指令”的海报

12 学生的语言

学生的语言对课堂管理的影响主要体现在课堂发言上。如果学生在教师进行课堂管理的时候插话或是大声说话，会对教师的课堂管理产生较大影响。教师可以在刚开学的时候，就跟学生说明：如果有问题或有事情要告诉教师，请举手；如果是教师上课过程中问问题，在教师没有特别强调要举手的情况下，大家可以不用举手，积极发言。这样一方面有利于培养学生举手发言的习惯，另一方面又不会限制学生在课堂上的积极表现。关于学生在课堂上说话的音量问题，教师可以制作一幅音量指示海报，平时教学时提示学生使用恰当的音量，例如0表示安静，1表示与搭档分享时的音量，2表示在小组范围内分享时的音量，3表示在全班范围内分享时的音量。

13 师生关系

师生关系也会对课堂管理产生重大影响。如果学生喜欢授课教师，通常情况下是不会在课堂上捣乱的，而且会积极地参与课堂活动。所以培养良好的师生关系有利于课堂管理顺畅进行。培养良好的师生关系可以通过以下方式：① 上课前到教室外和学生聊会儿天；② 学生进教室时，教师可以站在教室门口和学生问好，也可以夸夸学生“××，你今天的裙子特别漂亮！”；③ 课堂上可以通过一些互动和学生聊聊日常生活，进一步了解每一个学生，也可以让学生进一步去了解教师，例如周末去哪玩了、家里有什么小动物等；④ 下课休息时，可以参与学生的活动，例如和学生一起跳绳、和学生一起打篮球等；⑤ 尽可能多参加一些学校组织的中文课以外的课外活动，在学生家长邀请的情况下，课后也可以去观看学生参与的校外活动，例如去给学生的橄榄球比赛加油、去看学生的音乐剧表演等。

14 班级文化

班级文化会对整个教和学产生重大影响。如果一个班级的班级文化是积极向上、乐观进取的，在这样的班级里教师的教和学生的学都会比较高效。这里举一个“感恩文化”的例子。教师可以在班级里推行“感恩文化”来打造积极的班级文化。教师可以在班级里设计一面感恩文化墙，让学生把对他人的感谢写出来贴/挂在墙上，然后教师定期从感谢卡中抽出几张，分别给写这几张感谢卡的人和这张感谢卡上被感谢的人一定的奖励。

中文教室里的“感谢栏”

沉浸式中文课堂实施课堂管理的主要程序

课堂程序主要是指教师在教学的具体环节中的操作步骤。

1. 迎接学生：沉浸式教室的课堂管理从迎接学生的时候就开始了。学生在操场上排队时，通过“师：准备好了吗？生：准备好了。”“师：眼睛——生：看老师。”“师：嘴巴——生：微笑。”“师：手——生：放好。”“师：手放好了吗？生：手放好了。”“师：对齐了吗？生：对齐了。”这样的口令来集中大家的注意力，整理好队伍让学生在操场上就调整好状态，然后安静地排着队进入教学楼，为上课做好准备。进入班级时，师生之间可以通过击掌或其他互动方式来互动、问好。

2. 书包及个人物品的放置：通常要求学生进入教室的第一件事就是安静地去把书包以及个人物品放好。需要特别强调的是，教师要训练学生放好自己的个人物品如外套、小物品等，一是为了班级整洁，二是防止意外伤害（如学生被外套绊倒），三是为了防止学生在座位上偷玩个人物品影响上课。

3. 交作业：通常训练学生进入教室放好东西后就把作业交给教师，可以用固定交作业区域来帮助学生快速地完成交作业程序。教师要找到教室的一个固定区域来收作业，若需要分学科、分班级来收作业，建议教师用不同颜色的篮子/盒子或在篮子/盒子上张贴不同的标签来收学生的作业。

4. 晨会、晨读及晨练：学生进教室后就可以用一些活动让他们忙起来，帮助他们快速地进入学习状态。第一种活动是晨会，教师指定教室里的一块区域，大家围坐在一起，聊一聊发生的趣事等。第二种活动是晨读，教师把书分发给学生进行晨读，并根据课程的需要设计相应的读写活动（如互相读、爆米花阅读、故事续写）等。第三种活动是晨练，教师在学生进教室之前，把一张学生可以独立完成的练习纸提前放在学生的桌子上，这样学生进教室放好东西后，可以快速地开始做练习。

5. 出勤和午餐统计：沉浸式教师通常每天都要做出勤统计和午餐统计。教师可以巧妙地把这些统计程序和数学知识的运用结合在一起，如下图所示运用十方格来统计人数。图中三个盘子代表三种不同的午餐，当学生把带有自己号码的棋子放到十方格里后，学生或教师可以快速地算出选那种午餐的人数，同时又可以让学生复习十方格的相关数学知识。

午餐统计图

6. 上课：沉浸式中文教师可以根据课程大纲安排每一天的课程。建议教师动静结合地来穿插安排每一天的课堂活动，例如一天的活动安排可以是数学（静）、功夫（动）、社会科学（静）、中文听说（动）、中文读写（静）。

安排好一天的教学内容后，课堂教学中会涉及各种课堂管理的细节。其中一个细节就是快速地让学生安静下来。这种情况通常发生在让学生参与小组讨论或小组活动的时候，其中一种方法是口令法。例如教师唱"哒哒哒哒哒"，学生和"哒哒"，当教师唱完前半部分后，学生需要立刻和上相应部分，并且要求学生唱完"哒哒"后双手重叠平放在桌子上，身子坐直，眼看老师。

还有一个细节是顺利衔接起各个活动，这种情况通常发生在转换教学活动的时候，例如从中文教学活动过渡到数学的教学活动。其中一种方法是动作法。例如教师说"桌子上"（把手放在桌子上），学生迅速把手放在桌子上并坐好；教师说"背后"（把手放在背后），学生迅速把手放在背后并坐好，学生把手放在背后的时候，教师可以说"背后、背后、背后，桌子上"（说"背后"的次数，教师自己把握），看看谁是第一个把手放到桌子上的。这种类似游戏的转承方法，可以让学生积极地参与进来；通过做动作，又可以达到让学生活动身体、放松心情的目的。

7. 去洗手间：通常情况下，最多只能让一个男生和一个女生同时去洗手间，如果有两个男生或两个女生同时去洗手间，就可能会出现学生在洗手间聊天的情况。为了能更清楚地知道学生上洗手间的次数，教师可以让学生去洗手间的时候在记录本上签进签出。为了让其他教师知道这个学生是去上洗手间而不是在外面玩，教师可以给上洗手间的学生挂一个表示去洗手间的牌。为了提醒自己某个学生去上洗手间了，教师可以训练学生去洗手间的时候，把一瓶消毒液放在自己的桌子上表示自己去洗手间了；为了训练学生不要在教师的教学时间里去上洗手间，教师可以在白板上放一个红绿灯标志，上课时教师翻到红色那面表示现在不建议大家去洗手间，等到学生做练习的时候教师翻到绿色那面表示如果大家现在有需要，可以去洗手间。

如果学生在教师的教学时间里忍不住要去洗手间，例如学生突然叫道"老师，我可不可以去洗手间？"这个学生着急的请求会打断教师的教学。因此建议教师把一些手势融进自己的课堂管理中，让学生通过做手势来表达一些请求，从而减少因为语言干扰而打断教学的情况的发生。例如学生举起一根手指表示需要去洗手间，举起两根手指示需要去拿纸巾，三根手指表示需要去拿铅笔，四根手指表示喝水，五根手指表示有问题。

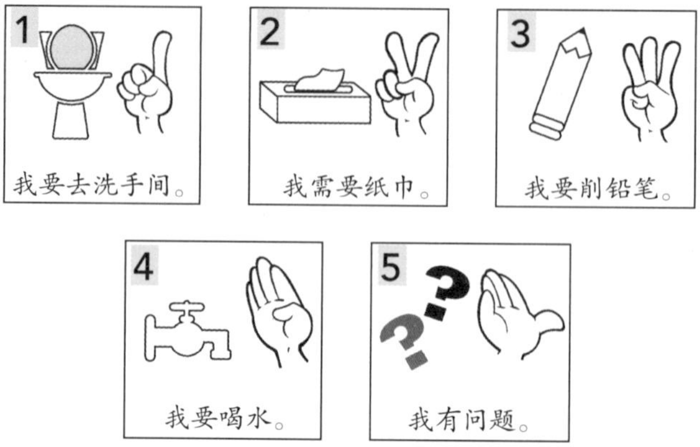

课堂手势图

8. 参与集会：教师要有效地训练学生安静、迅速、整齐地排队去参加集会。如果教师觉得那时那刻学生的行为比较难调控，可以适当提前整队；如果觉得班里的小团体较多，特别是出现比较多男生之间或女生之间的小团体时，教师可以考虑先分男女排成两队，然后一个男生一个女生交叉合并排成一队。

9. 参与特别课程（specials）：在美国的学校特别是小学，学生常常要去参加一些特别课程（如音乐、美术、体育、电脑课、图书馆课）的学习。学生需要有序地排队参加这些课程，教师们也要求学生们做到安静、迅速、整齐。教师要严格要求学生排好队才可以离开教室去参加那些特别课程。如果教师想要在学生去别的地方上课时，依然对学生的行为有一个持续的管控，可以提前设计好行为记录表，选一个学生队长带着这张行为记录表和其他同学一起去参加特别课程，特别课程的教师上完课后在这张表上给出反馈并让队长带回教室，这样教师就可以及时查看到学生在其他课上的表现了。

10. 课间休息（recess）：这个程序主要涉及的课堂管理内容就是排队。教师们要严格要求学生在队伍整齐、安静的情况下才可以去外面下课。如果学生排队不到位，必要时可以全班重排一次，或请个别做得不到位的学生回到队伍的最末端再来一次。

11. 放学：放学前的时间是训练学生整理能力的大好时机。教师可以根据需要预留一定的时间让学生集中精力整理个人物品并帮助教师整理教室。通常应要求学生安静地站在自己的位置上，先收拾个人物品，归还教室公用物品，检查地面（垃圾、遗落物品），摆好桌椅。这些事情最好有一个复查的过程。但光靠教师一个人很难快速复查，这时候可以以组为单位，选择每个小组内第一个完成整理程序的学生当小组组长，对组内的其他同学进行复查，通过复查的学生便可以去排队，准备放学回家。有一个小窍门，摆好桌子对学生来说可能是一个难点，如果教师能够事先在地上做上标记，就可以帮助学生快速把桌子摆放到位。

案例分析

案例一

孙老师是学校的新教师。新学期刚开学的时候，孙老师和学生一起制订了班级规则。孙老师觉得学期刚开始，应该和学生建立好关系，当学生违反课堂规则的时候，孙老师觉得应该多给学生几次机会，不去追究学生犯的错。就这样过了几个月，孙老师和学生的关系确实不错，但是课堂纪律似乎变得很难管控。孙老师觉得现在和学生已经有了一定的感情基础，可以适当地进行更严格的课堂管理。然而，当学生违反课堂规则，孙老师想要按照课堂规则给予后果反馈时，总有学生对孙老师说："孙老师，我还有两次机会。"孙老师只好无可奈何地继续上课。

➔ 案例分析

孙老师想要建立良好的师生关系这个出发点是正确的，但是无规矩不成方圆，班级规则一旦确立，师生都要严格执行。教师在给予反馈的时候要从始至终保持一致的态度，因为教师给一个学生反馈的时候，有可能其他的学生都看到了。如果别的学生看到违反课堂规则的后果是可以商量的话，他们可能很快就会效仿这位学生的做法。因此，班级规则确立了之后，整个学年教师都要严格执行，不要前松后紧，也不要前紧后松。

案例二

刘老师在开家长会的时候跟家长说了一个学生的学习表现情况，最后说了该学生存在已久的行为问题。这时候，家长有些激动，说他们一直觉得自己的孩子在学校的表现非常好，没有什么行为问题。这时候，刘老师拿出了平时行为问题记录本给家长查看，上面清楚地写着几月几日、××（名字）出现了什么行为问题、教师是怎么处理的。家长明白了自己孩子在校的情况后，问刘老师："你为什么之前没有跟我们联系？”刘老师不知道该如何回答。

案例分析

家长们通常都非常关心自己的孩子在学校的表现情况，不仅是孩子的学习表现情况，也包括孩子的行为表现情况。因此，当学生频繁出现行为问题或是学习问题的时候，教师应该及时跟家长联系，告诉他们情况。教师不要觉得告诉家长学生的问题就是表明自己没有教好，或者没有管理好课堂的能力，也不要觉得多一事不如少一事，不到万不得已就不联系家长。针对一些学生的问题，教师或许可以从家长那里得到一些不一样的信息，这些信息可能会为问题的解决提供重要参考。及时联系家长，可以联合家长的力量一起来解决问题。但刘老师的做法中有一个非常大的亮点，也就是行为问题记录本。对教师来说，平时注意保留证据非常重要。学生学习表现情况的证据、行为表现情况的证据，都可以保留起来，将来不论用于成绩评定，还是用于问题分析，或是用于与家长沟通，这些证据都是非常重要的信息。

案例三

赵老师觉得班级规则制订好后就要严格执行，这样才能在学生面前树立起自己的权威。赵老师觉得自己在给予一个学生反馈的时候，其实也是在执行班级规则给全班同学看。有一次上课的时候，一个学生违反了课堂规则，赵老师马上给这位学生做出了反馈，这位学生当时情绪有点激动，想要走出教室。赵老师觉得这名学生在挑战自己的权威，觉得不应该让这位学生就这样出去，应该把自己的威严展示给全班看，因此在这位学生要走出教室的时候，赵老师伸手准备阻拦。赵老师以为这名学生看到教师伸手阻拦应该会停下，谁知这名学生并没有停下，被赵老师的手挡了一下后走出了教室……事后，家长写信告诉校长赵老师打了自己的孩子。

案例分析

教师在教室里注重树立自己的威严是一件好事，能意识到规则一旦确立就要严格执行也非常好。但是，在实际操作过程中一定得拿捏好分寸，注意在保护学生的同时，也要保护好自己。严格执行班级规则是非常正确的，但是一定要避免在执行班级规则的时候出现肢体接触。在双方都很激动的情况下，当事双方的肢体接触容易被别人解读成或误以为是肢体冲突。教师不要让自己想要执行好班级规则的这份“好意”害了自己。在教室里不论是进行班级管理或是开展教学活动，师生间都应尽量避免肢体接触，以免引起不必要的误会。在这个案例中，赵老师可以用坚定的语气给予反馈，但是不要伸手企图阻拦，如果该学生真的出去了，赵老师可以马上打电话寻求办公室或心理咨询师的帮助，也可以派一名学生代表去跟那位学生沟通。

教师应注意，在课堂中不要出现和学生对立的情况。遇到学生跟自己争执时，教师首先要保持自己的情绪稳定，不要因为一时的情绪激动而与学生发生对立。教师更不要为了树立自己的威严走极端——动手阻止学生或与学生发生拉扯。很多真实的案例都是这样发生的，后果是教师被学校开除，甚至被警方带走。

小贴士

在教室里，教师常常会遇到一个问题——怎么安排学生的座位？

学生的座位通常会对教师的课堂管理产生重大影响。安排座位要尽量考虑到学生的学习表现情况、行为表现情况以及男女搭配情况。教师可以尝试以学生的学习情况为主线，先排出位置，然后再把行为表现以及男女生搭配因素加进去，最后形成座位方案。可以用一次测试的成绩把班级的名次排出，以28名学生为例，从第1名排到第28名，根据Precision Partner的策略让第1名和第15名坐一起，第2名和第16名坐，依此类推让第14名和第28名坐一起。这样同桌之间的成绩有一点梯度，可以让一方扶持另一方，但是又不会因差距过大而让这种扶持变得过于吃力。座位基本排出后，接下来便可以根据男女生搭配情况以及学生的行为表现情况进行微调。

思考与应用

Adam坐在第一排，嘴里时不时地发出奇怪的声音，时常干扰到教师的教学。刘老师刚开始提醒他不要发出怪声音，并告诉他这些怪声音会影响教师的教学，也会影响其他同学的学习。刘老师提醒完之后，Adam安静了一阵子，不一会儿又开始发出怪声音。之后，刘老师又一次提醒他，提醒完之后他又安静了下来。过一会儿，Adam又开始发出怪声音……碰到这种情况，你会怎么处理？

附录：拼合课堂规则活动

- **活动目的：**学生通过此活动能够说出班级规则并知道意思。
- **沟通模式：**阅读理解（Interpretive Reading）
  听力理解（Interpretive Listening）
  口头表达（Presentational Speaking）
- **活动适用：**小学
- **语言水平：**初级
- **活动形式：**小组、全班
- **活动属性：**动态、静态
- **活动准备：**

1. 准备一组课堂规则大海报，序号、规则、图片可以分开，图片后面粘上软磁铁，可以吸附于白板之上。
2. 给学生A4大小的小版课堂规则（两个人一份），序号、规则、图片也是可以分开的。

- **活动步骤：**

1. 教师一条一条地展示、示范课堂规则（读规则，并根据图片解释规则）。
2. 教师带着学生一条一条地读课堂规则，并通过问问题检测学生对规则的理解。
3. 学生们互相读规则给对方听（一人读一条），并解释自己读的规则。
4. 教师叫个别学生来读规则并解释规则。
5. 教师把小版的课堂规则发给学生，两人一组把序号、规则、图片打乱。听到教师的指令后，各小组把序号、规则、图片都拼合起来，看看哪组是最快拼好的。
6. 根据小组内的表现，教师可以选定几组学生到白板上进行拼合课堂规则的比赛。
7. 教师带领学生一同总结班级的课堂规则。

【编者　游寅耀】

第二节　预防性课堂管理策略

背景

教师每带一班新的学生，都会经历一次新的班级管理建设。教师和学生在从陌生到熟悉的过程中，逐渐建立起适合班级情况的管理体系。教师无法决定自己的学生是什么样的，但是可以决定采用哪些科学的课堂管理策略来帮助学生更好地学习和成长。预防性课堂管理策略在科学的课堂管理中起着重要的作用。预防，即根据以往的经验和实际情况，有针对性地采取措施。预防性课堂管理策略的核心是通过全面、合理的设计有效地预防课堂违规问题的发生。

设计合理的预防性课堂管理策略，首先应制订**全面高效的课堂管理体系**——使80%到90%的学生能够达到课堂管理的期望；**教室的细节设计**和**教学的合理规划**要考虑和配合这个管理体系的要求；教师要和学生**建立良好的师生关系**，并**通过外在的奖励激发学生内在的学习动力**。为了让教师们从心理和策略上对问题的出现有所准备，建立**问题处理预案**也是预防性课堂管理策略不可或缺的重要组成部分。

原则、策略与技巧

建立有效的预防性课堂管理体系的六个要素

1 全面、高效的课堂管理体系

课堂管理包含三大要素：规则（rules）、程序（procedures）和后果（consequences）。规则是对学生在课堂中的一切行为的整体要求，程序是教室里日常事情的统一规范，后果是对学生违规行为的有效干预。在全面、高效的管理体系下，学生能清楚地知道在课堂里，应该有什么样的行为表现，哪些事情可以做、哪些事情不能做，如果违反了课堂期望要承担什么后果。

在学生了解和认可班级管理制度以后，教师可以和学生签订遵守班级制度的承诺书并贴在教室里提醒学生。由于好习惯的养成是一个长期的过程，建议教师根据班级情况及时复习和强化规则。课堂管理还有很重要的一点是行为记录，特别是问题学生的行为记录。教师通过对数据的分析，能够发现学生违规行为发生的规律，并据此优化课堂管理策略。为了切实帮助教师们建立全面、高效的管理体系，本节提供了一个自查清单。

高效课堂管理自查清单

- □ 规则制订：积极的行为表现期望，精简在五条以内
- □ 程序制订：要清楚地指导学生日常的活动
  - ○ 进入和离开教室：有序进入和离开
  - ○ 课堂准备：列出常规程序
  - ○ 课堂手势：喝水、去洗手间、需要帮助……
  - ○ 物品拿放：指定区域和程序

    文具、作业、教具、电子产品……
  - ○ 其他
- □ 后果制订：从提醒开始，逐渐升级后果的严重程度
  - ○ 立足尊重学生和解决问题，避免惩罚等负面后果
- □ 直观展示：规则、常规和结果的海报，张贴在教室
- □ 有效传达：学生要清楚地知道教室里的行为期望
  - ○ 可理解输入
  - ○ 签订遵守班级制度承诺书
  - ○ 随时参照
  - ○ 周期性的复习
  - ○ 高期望，零容忍，坚持原则
- □ 管理记录：学生行为表现的数据
  - ○ 学生的重点行为记录和分析
  - ○ 特殊行为的针对性干预
  - ○ 管理策略的优化

教师的反思

不足 ⇨ 改进

高效课堂管理自查清单

2 教室的细节设计

如何通过教室的细节设计来有效地预防课堂管理问题，是每一个有自己教室的教师都需要认真思考的问题。没有自己固定教室的教师，不用考虑教室的设计，但要注意借班上课的策略。还有一些教师没有完全属于自己的教室，他们与另一位教师共享一个教室（如和西班牙语教师同用一个教室），可以参考以下部分建议，和共享教室的教师共同探讨教室的细节设计。

● **教室分区：结合教室的具体情况，为不同的功能区安排出合理的位置**

教室的分区非常重要，合理的教室分区，可以让学生方便地在教室中行动，不会发生“交通拥堵”；不合理的教室分区，会导致学生在教室中行动不便，还会为课堂违规行为的发生埋下隐患。给教室合理分区，可以遵循以下步骤：

（1）确定功能区：教室图书馆、小组U型桌、储物柜、书包架、文具区、作业区、学生信箱区、游戏区、地毯区、学生座位区、洗手区等。

（2）确定不可变的区域：书包架、门口、洗手区等。

（3）确定特殊区域：如地毯区需要地面和墙面均有较大面积，便于放置学生地毯和学习卡片；作业区一般要在行动比较方便的地方，便于学生交作业和拿新的作业纸；学生信箱区最好在门的旁边，便于学生在离开前做最后的检查，不漏掉应带回家的资料。

（4）画草图：教师可以在纸上画出来，也可以直接在大脑里模拟。在考虑以上因素的同时，还要尽可能为学生留出足够的行动空间。

（5）尝试与敲定方案。

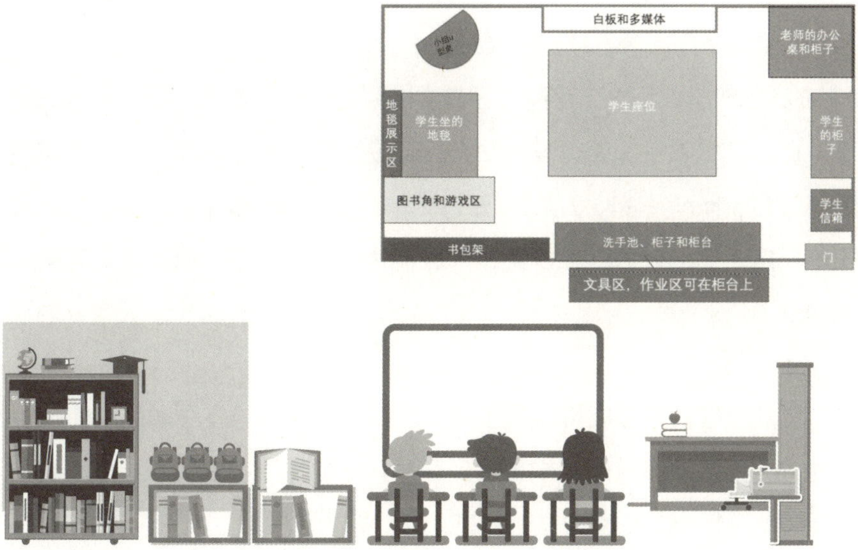

中文课堂教室设计范例

- **座位：座位设计直接影响学生在座位学习的效率**

可以通过以下步骤合理地安排座位：

（1）根据学生在座位上主要进行的任务确定座位摆放的方式。

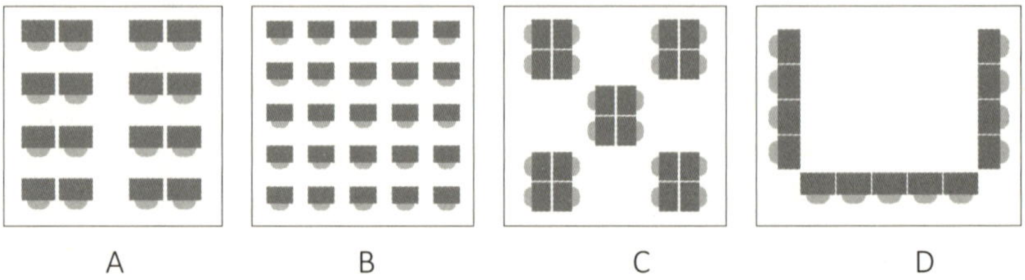

常用座位摆放方式

上图几种座位摆放方式各有利弊：

座位造型	利	弊
A	两两同桌，中文班常见的座位安排方式	有限的同伴交流
B	单桌座位，减少学生相互干扰	不利于同伴交流
C	小组座位更利于合作讨论	学生无法正对白板，容易聊天
D	聚焦中心，学生的课堂参与度更高	占用较大面积

（2）根据学生情况，用名字卡排座位。这是最难的一步，教师要考虑到学生坐在哪里更有利于他们专心听讲；哪些学生可能会产生矛盾或不当的课堂行为而不适合坐在一起。建议教师打印出学生的名字卡片，用卡片做多种座位排列，给每一种排列拍下照片，最后综合全部考虑因素，选出最佳组合。

（3）在实际教学过程中，可能会因教学内容的不同，需要不同的座位造型。在特定的情况下，可以训练学生快速、有序地进行座位造型的变化。建议教师将需要的学生座位图放大并塑封（laminated），后面贴上磁条（magnetic strip），在变化座位前贴在白板上，提示学生参照图片进行座位变换，这样就可以很快地根据不同的教学任务进行分组和座位调整了。

- **教室主题与装饰**

教室的功能分区和座位安排构成了教室的整体框架，教室主题装饰将赋予教室不一样的环境氛围。好的教室氛围让学生感到舒适，让学生更容易融入学习活动中。教师可以参考如下建议进行中文教室的主题装饰。

（1）巧用道具、词卡和海报：用教学道具做装饰，不仅方便教学中的使用，还让教室更加有特色，例如下图的中文电视将学生们的“日记分享”活动变成了“电视播报”，学生们都很期待能“看电视”或者去电视里做“主持人”。

“中文电视”

在写作活动时，学生的汉字书写能力往往跟不上语言表达能力，就会不停地有学生问教师这个字怎么写、那个字怎么写，教师帮了一个又一个学生，不停地在写字，但用词卡和海报做装饰就可以帮教师们预防这样的情况。很多有经验的中文教师，不仅在教室装饰了常用的主题海报（如颜色、家人、动物、动作等），还会将常用字词以有序的方式展示在教室的墙上。这样，学生很容易就能找到想用的字词。常用的字词排序方法有拼音和数字编号，至于用拼音还是数字，由教学的情况决定：如果学生还没有学拼音（有些沉浸式课堂要求三年级以前不允许用拼音），教师用数字编号比较好；如果学生已经开始学拼音，则用拼音组织卡片更好。特别要注意的是，当学生们逐渐掌握了目标内容时，教师应该逐渐去掉中文词卡上的图片和拼音，这种逐步撤除“鹰架”的方法可以循序渐进地减少学生对图片和拼音的依赖，最终达到独立地熟练运用这些词汇进行交流和写作的目的。

词卡和海报装饰

（2）融入中国特色：建议教师提前在国内购买一些中国结、扇子或灯笼等具有中国特色的装饰品，价格比较便宜。也可以去附近的中国城商店或者在购物网站购买，不过价格比较贵。还有一些不怎么花钱但是需要花心思的方法，如和学生一起做手工、再用学生的手工作品来装饰教室。

自制装饰元素也有一些技巧：① 选择色彩靓丽的中国风建筑、花卉、特色景观等图片；② 用在线艺术字体网站生成美观的汉字；③ 如果需要制作大的装饰，编辑的时候可以巧用图片裁剪功能，把图片分成几个部分打印出来，再拼起来；④ 打印时用厚一些的纸，打出来更有质感，也可以用普通纸打出，再贴在厚纸上面；⑤ 剪成需要的形状以后，最好进行塑封，这样看起来比较精致，也便于长期保存和反复使用。

中国风教室装饰

3 教学的合理规划

合理的教学规划能预防课堂行为问题的发生，有效支持课堂管理的实施。试想，在一堂生动、高效的中文课堂中，学生都积极参与课堂的教学活动，又怎么会出现行为问题呢？100%高参与度的课堂是教师的目标，然而这个目标无论是对新近走上教学岗位的教师还是有丰富教学经验的教师来说都是一个挑战。

（1）教师的课堂管理理念和反思：教师首先要认识到高效课堂的重要性。课堂问题的发生固然是多方面原因造成的，规范学生的行为问题也需要一个较长的过程，但是教师的课堂调整可以立刻进行。教师与其一直抱怨“这些学生怎么这么调皮！”不如常常反思“我的课堂是否已经达到高效课堂的标准了？怎么设计更高效的教学活动或者改良现有的教学活动以预防下一次类似课堂问题的发生？”通过这样的反思，中文课堂的质量和效率会逐步得到提高；而优质的课堂又会为学生的行为规范提供更好的平台。

（2）教师的课堂准备：优秀的中文教师会将中文教学融入课堂的点滴，把课堂上的分分秒秒都有效用于教学。教师的课堂准备是优质教学的前提。课堂准备建立在教师对课程大纲（curriculum）和学生情况充分了解的基础上，包括制订全年的课程总规划、制订每日上课的细节教学计划和准备配套的教学辅助材料。在做课堂细节的教学计划时，教师要考虑如何平衡课堂教学和活动时间、如何避免讲授式地填鸭教学法、教师讲多少时间、学生练多少时间、如何保证学生有能力完成练习、学生如何练习更有效率等问题。下面的规划导图可以帮助教师有条不紊地进行课堂准备。

教学规划导图

课程大纲

- 全年教学大纲
- 目标能力要求（听说读写）
- 重点和难点

学生情况

- 该年龄段普遍特征
- 学生个人性格特征
- 学生普遍的知识基础
- 学生的个人学习数据

全年上课总规划

- 学期目标
- 每月目标
- 每周目标
- 每日目标

教学计划 Teaching Plan

很多学校会提供专门的教学笔记本，教师也可以下载或自己制作电子版的。

每日教学计划

- 明确的教学目标
- 清晰的教学流程
- 循序渐进搭鹰架
- 逐步释放学习责任
- 多元的上课活动
  - 教学活动要动静搭配
  - 每个活动时间不宜太长
  - 活动衔接自然，课堂有流动性
  - 参与度高，避免长时间个人秀
  - 从落实书本到拓展应用
  - 运用全员参与技巧
  - 加强小组合作
- 多样的教学辅助
  - 多媒体科技的使用
  - 促进教学的教具
  - 动手（hands-on）的道具
- 预设教学难点和应对方案
- 预设教学状况和应对方案

充足的课前准备

- 教师有舒适又得体的着装和积极的心态
- 教学辅助用具准备好，并放在相应的位置
- 教师清楚地知道教学的流程和物品的位置
- 新教师可以打印出教学计划，方便临时调整安排和做反思笔记
- 再次检查多媒体设备的运作（如电量是否充足、课件是否能正常播放等）

只有做好充分的准备，才能从容地享受教学的过程。

课后反思

今天的反思，为明天提供了最好的预防策略。

教学规划导图

（3）在有效率的知识输入过程中，教师还应注意讲话的艺术：研究表明，教师讲话的技巧是影响知识有效输入的关键因素之一。如果没有注意到这些细节，教师即使准备了丰富的内容，但缺乏讲话技巧，学生也会听不进去。要想减少干扰，提高输入的效率，教师在讲课的时候要注意：① 如果学生还没有安静，教师不应开始讲课，而应该有策略地吸引学生的注意力（attention getter），让学生迅速安静下来。例如，教师说："眼睛、眼睛……"学生答："看老师！"说完以后教师要关注学生是否在安静地看教师，并立即给予学生正面的反馈。常用的吸引学生注意力的有效口令还有击掌、摇铃、数到五等。② 教师要注意表达的清晰性，还要借助图片和肢体动作，用学生可理解的方式和学生沟通。③ 重要的内容（如教学重点或活动指令）要简洁明了，信息太冗长不利于学生有效地接收。④ 教师一定要避免背对学生讲课，即使是写板书，也要侧身书写，随时关注学生。如果需要在白板上呈现较多的内容，建议不要现场写，要提前将内容准备好，如写在海报上或者制作成幻灯片。⑤ 在讲课的过程中要和学生实时互动，给学生大量的思考、反馈的机会，让学生积极地参与课堂交流。

（4）活动间过渡（transition）的策略：教学中应有丰富多样的活动，但是，活动之间的过渡时间极易出现违规行为问题。如果没有提前做好预防性措施，教师可能就会手忙脚乱。建立有效的过渡常规，可以大大节省活动间过渡所花的时间，还可以有效避免课堂干扰行为的产生。以下是几个预防性的小技巧：

- **中文日程表：**日程表不仅可以帮助教师把控每天的教学进度，还可以让学生提前了解当天的活动情况，从而做好学习的心理准备。建议教师用中文加图片的形式制作每天的日程表，将日程表展示在教室固定的位置，培养学生看日程表的能力和习惯，同时还能让学生多学一些中文。每做完日程表中的一个活动后，最好在这个活动的后面做一个标记（如画一颗星或打一个勾），在视觉上告诉学生我们完成了这项活动，让学生不断地从活动中体会到成就感，激发他们更强的学习动机。
- **时间概念：**每一次活动开始前，教师都先告诉学生们总共有多少时间进行这个活动，并用计时器做倒计时。考虑到学生专注于活动中时，突然结束会显得仓促，建议教师在每一次活动结束前2分钟提醒一下学生，给学生一点时间做收尾。根据安排有序地进行教学活动，能够培养学生良好的时间观念，便于教师更好地把控时间。
- **活动程序：**教师要制订活动程序，包括活动开始前如何做准备、活动中如何进行、活动后怎么整理活动用具等。这些程序不是一次形成的，需要教师带领学生进行多次规范的练习。

➢ **趣味过渡：**活动过渡的时候，师生需要一定的时间来收拾上一个活动的道具，为下一个活动做准备；而且学生的大脑持续工作一段时间需要休息，建议教师结合大脑休息（brain break）活动，将过渡趣味化。有的教师会选择播放一段轻快的音乐，有的教师会结合过渡的程序编一些中文说唱，有的教师让学生唱一两首学过的中文歌，还有的教师会让学生动一动，做一些活动身体的瑜伽、放松操或简单游戏。

4 建立良好的师生关系

学生和教师的关系对学生的学习态度、课堂参与和行为习惯有重要的影响。教师的眼神、动作和语言都能向学生透露出重要的信息。在受学生尊重和喜欢的教师的班级里，学生通常不大会出现行为问题。而教师是否受学生尊敬和喜欢取决于教师是否愿意花时间去经营和学生的关系。下面有一些小技巧：

- 每天用微笑迎接学生进教室，和学生热情地打招呼。
- 课前在教室里多走动，花时间和学生寒暄，关心他们的生活，真诚地与他们交流。
- 教学时，走下讲台，到学生中间去，关注学生，发现学生的进步。
- 做一个和善但坚持原则的教师，在处理课堂问题的时候，要严格按规则执行，但一言一行都要建立在尊重学生和解决问题的基础上。
- 会问启发式的问题，引导学生思考解决的方法。指责学生的表达如：“你为什么又拿别人的铅笔？”让学生觉得难堪；启发式的问题如：“你知道教室的公共文具放在哪里吗？”让学生感受到教师在帮助他们。
- 在教学中适当结合学生的兴趣——如用学生喜欢的流行音乐来改编中文课文，在中文表演时加入学生喜欢的卡通或明星角色（但要注意避开有负面新闻的明星）。
- 和学生共同完成一些有意义的活动或项目，如新年联欢会、中文作品展览、中文话剧等，在师生共同筹划和准备的过程中增进彼此了解、建立深厚感情。
- 给学生一些特别的礼物（如有纪念意义的合照、和学生共同完成的手工等），建立和学生的情感联系。

自制手偶剧表演

和学生共同完成的手工

5 通过外在奖励引导，逐渐激发内在动力

内在动力来自于学生学习的主观意愿，使学生认识到学习的重要性，主动想要参与学习。外在动力是学生本身没有主动的意愿，因为外在因素（如教师和家长的期待、奖励、压力等）而进行学习活动。外在动力的形成很容易，但是非常不稳定；内在动力不易形成，但是一经形成，就会长期稳定地发挥作用。教师要在和学生建立良好关系的基础上，通过对学生的了解，有针对性地用外在奖励激励学生。同时，教师要引导学生思考学习的意义，创造机会让学生体会经过努力后成功的愉悦感和成就感，最终激发出学生的内在动力。培养成长型思维是很好的激发学生内在动力的方法（具体可参考第二章第四节“培养学生的成长型思维”）。

6 做好问题处理预案

为了让教师从心理和策略上对问题的出现有所准备，建立预防性**问题处理预案很有必要**。教师要随时保持对学生的高期待值和低容忍度，坚持实施制订的课堂管理规则、程序和违规后果。

（1）阶梯化设计违规后果，从“失去1分钟休息时间”这样的小后果，逐渐上升到“联系家长”这样的严重后果，给学生思考和选择的机会。

（2）当课堂发生一般课堂违规问题（如上课说小话或是玩东西）时，应尽量采取对课堂干扰较小的处理策略。以下策略，教师可以从第一个开始尝试，如果没有有效解决问题，再执行下一个：① 继续讲课，但是用眼神示意学生，教师已经注意到他们的行为了；② 假装不经意地走近问题区域，学生发现教师靠近，通常会停止违规行为；③ 树立至少四个正面范例，当学生听到教师表扬他人时，会受到积极影响；④ 如果学生在此时还没有停止违规行为，那么教师需要直接给予正面引导，最好是走到学生面前小声问：“你知道你现在应该怎么做吗？”学生这时也许就会停止不良行为了；也许有的会说：“我应该不说话/玩东西。”这时教师就接着引导：“你这样做了吗？”有的学生会说：“我不知道！”这时教师应该更明确地引导：“××，请你认真听课。”在教师明确地用语言提醒学生以后，要是学生还是我行我素，就意味着班级的违规后果系统启动了，教师要依照规定，根据学生是否及时改正行为，逐渐升级后果的严重程度。

在指出学生的问题之前，树立至少四个正面范例，是根据积极行为导向系统（Positive Behavior Intervention and Support，简称PBIS）提出的课堂的积极性理论。为保证课堂的积极氛围，师生间的积极互动（positive interaction）和消极互动（negative interaction）之间的比例应大于4:1。

教师在指出学生问题的时候，不是“批评”而是“正面引导”，要建立在尊重学生的前提下，避免用夸张、抱怨、嘲讽或指责等消极的语气。

案例分析

案例一

孙凤是Green Creek Elementary School三年级中文沉浸班的教师。为了激励学生，孙老师在班里采用了班级印章积分制度，当学生集齐二十个行为表现小印章时，他们可以选一个奖励。班级印章积分制度实施后，大家都很积极地参与课堂，并期待着得到奖励的时刻。为了让班级奖励更有“市场”，孙老师做足了准备：

首先，分析学生的喜好。孙老师阅读了相关资料，了解到不同年龄段的学生有不同的奖励偏好，于是她根据三年级学生的特点，做了一些奖励选项。

然后，根据选项列出目录。孙老师做了一个奖励目录问卷，让学生们投票选择最喜欢的奖励。

奖励目录问卷

请选四个你喜欢的奖励:

- □ 少做一次作业
- □ 和朋友拍照
- □ 玩10分钟平板电脑
- □ 交换Dojo怪物
- □ 带玩具来教室一天
- □ 用教室玩偶一天
- □ 睡衣派对
- □ 电影派对
- □ 坐老师的椅子一天
- □ 得到一个糖果
- □ 得到一支特别的铅笔
- □ 休息的时候踢毽子
- □ 搞怪发型日
- □ 其他:______________ …

最后，根据调查形成奖励选择卡。根据学生们的选择和讨论建议，孙老师最终选出了最受欢迎的班级奖励，并制作了奖励选择卡。其中，“和朋友一起坐”这一项本来在调查中没有，但是有很多学生提出来，孙老师尊重学生们的意愿，将“和朋友一起坐一天”这一项选入奖励。将“和朋友一起坐”加入奖励，是尊重学生的意愿；在奖励里加上“一天”，运用了教师预判断可行性的策略，避免了辛苦安排的座位变得混乱。当奖励卡在班级推出的时候，获得了同学们的一致好评，进一步激励了同学们学习的积极性。在奖励机制进行了一段时间以后，为保证学生的新鲜感，孙老师将“选奖励”制度改成了“抽奖”制度，让学生所得的奖励变成“神秘奖”。后来，每隔一段时间，孙老师都会更换部分奖励内容，通过多种变化，保证班级奖励的趣味性和学生的积极参与。

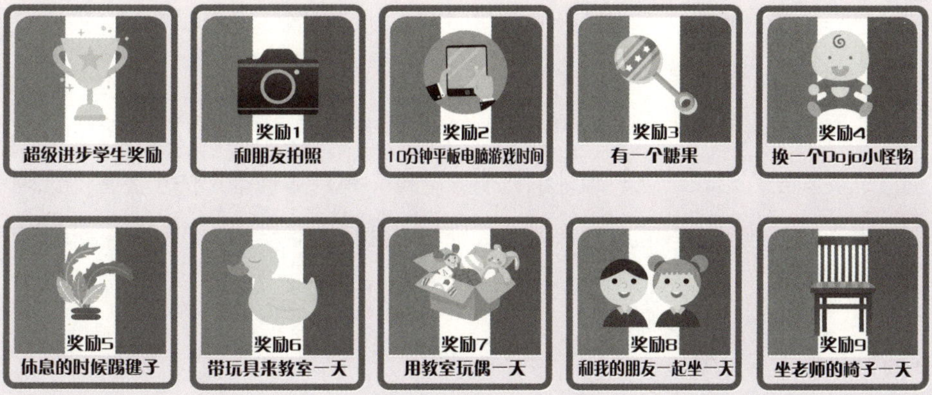

奖励选择卡

案例分析

许多中文教师都会通过奖励的方式来激励学生学习。孙老师没有直接照搬一个奖励体系，而是提前做好调查，再充分征求学生的意见，形成更适合班情和更具班级特色的方案。在奖励方案的具体实施过程中，孙老师凭借自己的经验预判，想在学生的前面，做好了预防工作，保证了奖励方案的持续作用。

每一个班级的班情都不同，不论是在奖励方案或是其他教学方案的实施过程中，教师都会面临不同的具体情况和产生的不同问题。教师要像孙老师一样，根据“预防性”的策略和原则，以学生为本，有针对性地采取应对措施。

案例二

赵倩老师是 Green Creek Elementary School二年级中文沉浸班的教师，今年是她在美国任教的第一年。近期她一直为课堂管理问题而头疼。为了解决问题，她向已经在美国任教多年的孙凤老师请求帮助。孙老师听了赵老师的描述，告诉赵老师：“要想学生表现好，首先要有一套全面高效的管理体系，目前，你的课堂规则和程序散乱无序，不能有效地预防课堂问题的发生。”

孙老师建议：要尽快根据班级的日常情况，制订有效的程序和规则；通过可理解的输入和演练，确保学生熟悉程序和规则。

在孙老师的帮助下，赵老师对班级的管理进行了全面的反思，从孙老师分享的课堂管理反思表开始，一点一点地细化班级管理，有针对性地形成了完善的规则和程序，再通过可理解输入的方式将这些规则和程序传达给学生，实现了对课堂的有效管理。渐渐地，赵老师发现课堂的管理不再让她头疼了。

日常 → 程序 → 规则

日常	程序
进教室 学生要进入学习状态，教师要做考勤	**1. 放书包** **2. 做准备** **3. 自己开始** 自己开始（self-start）是常用开始活动，学生在独立完成复习练习的过程中进入学习状态。
自己学习 学生可能：1. 需要讨论；2. 需要帮助；3. 提前完成	**1. 讨论时用悄悄话** **2. 需要帮助举手示意** **3. 完成任务可以安静看书或玩中文游戏** 给出完成任务后的选择，提高学生的效率
全班教学 怎么保证教学有效性?	**1. 看教师做** **2. 教师和学生一起做** **3. 学生们和搭档做** **4. 学生自己做** 分步教学法（explicit instruction）
小组活动 学生要怎么参与?	**1. 明白规则** **2. 人人参与** **3. 合作互助** 小组活动是很好的合作学习方式，能有效巩固学习目标知识，但是学生在小组，更难统一监管
离开教室 学生要收拾教室，整理书包	**1. 收拾抽屉** **2. 整理物品放书包** **3. 清洁教室，摆放桌椅** 训练学生的责任心，带齐自己的物品

规则

二年级学生的常见问题：

1. 动作很慢，容易被其他事情干扰。
2. 在和同学玩耍时容易因肢体接触发生矛盾，如用铅笔戳同学等。
3. 喜欢随意发言和离开座位。
4. 对学习还没有责任意识。
5. 过分关注自我的情绪，还要学习关心和分享。

↓

针对性的管理规则：

1. 快速行动。
2. 自己的手、脚和东西要自己放好。
3. 教师同意才能说话或离开座位。
4. 自己的工作要做好。
5. 让每一个人快乐。

孙老师的管理反思表

案例分析

很多新手中文教师都会面临和赵老师一样的困境，不能有效地进行课堂管理。其中一个很重要的原因是，新手教师还没有经验，对于课堂管理应该涉及哪些方面、如何具体地对学生提出规范要求、如何让学生遵守日常程序和规则等问题的处理不知从何下手。本节的原则、策略与技巧可以帮助大家，以上的反思表也是一个很好的借鉴，在这样有序的思考指引下，教师们可以根据自己班级的具体情况更有效地制订出适合班级的方案。

小贴士

1. 为应对课堂可能发生的严重违规问题（如学生出现攻击行为），教师应提前安排好应急处理策略，如拨打办公室的电话、请一个学生去最近的班级寻求帮助等。教师还可以提前向办公室和其他教师了解班级学生的情况，如果班级中有行为问题特别严重的学生，应该为该生建立特别预案。

2. 保持良好的家校沟通，让家长知道中文课上在学什么、课堂的规则是什么，和家长分享学生的表现数据，得到家长对中文班的支持。当问题发生时，家校的合作已经建立在相互了解的基础上，合作会更顺利。

3. 很多教师会在教室设置一个冷静角（calm-down corner），这是一个让学生进行反思的空间。在必要的时候，教师可以请持续干扰课堂的学生暂时离开教学区进入一个相对独立的反思区域，让学生整理、调节情绪，反思自己的行为。出于安全考虑，不建议教师让学生去教室外面的走廊进行反思。设置冷静角既能让学生相对地离开教学区，又保证了学生在教师的视线范围内。建议冷静角具备以下元素：① 一个相对独立的座位；② 示范课堂行为和规则的海报；③ 2—5分钟的沙漏计时器，控制学生在这里的时间；④ 冷静角程序图，指导学生要做什么；⑤ 反思表，帮助学生有步骤地进行自我反思。

冷静角的设计建立在心理学的研究上，充分考虑了人在面对问题时的反思和疏导需求，不管是对幼儿、青少年或是成人均适用。在教室中设置冷静角，表现出教师对学生的信任和尊重。从心理学的角度考量，学生也可能会用冷静角逃避课堂，所以在冷静角设立的时候，教师要和学生约定好规则和程序，当学生没有遵守冷静角的规则和程序时，冷静角可能会被取消。冷静角里的海报、反思表和程序应该以符合学生年龄和学习水平的文字和图片来阐述，以确保学生在可理解的基础上完成反思。以下是小学低段的一个冷静角元素范例：

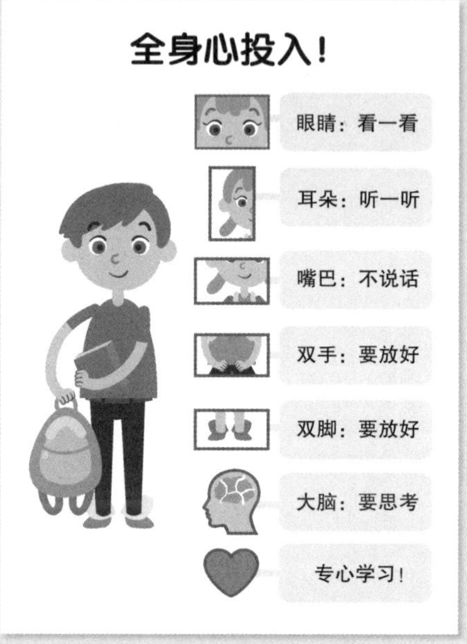

示范课堂规则的海报

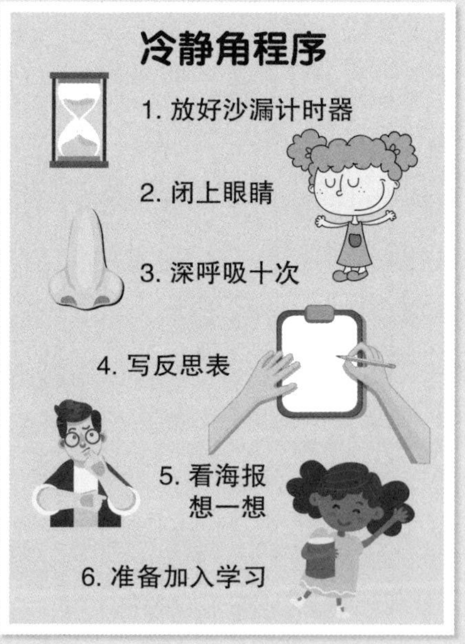

冷静角程序

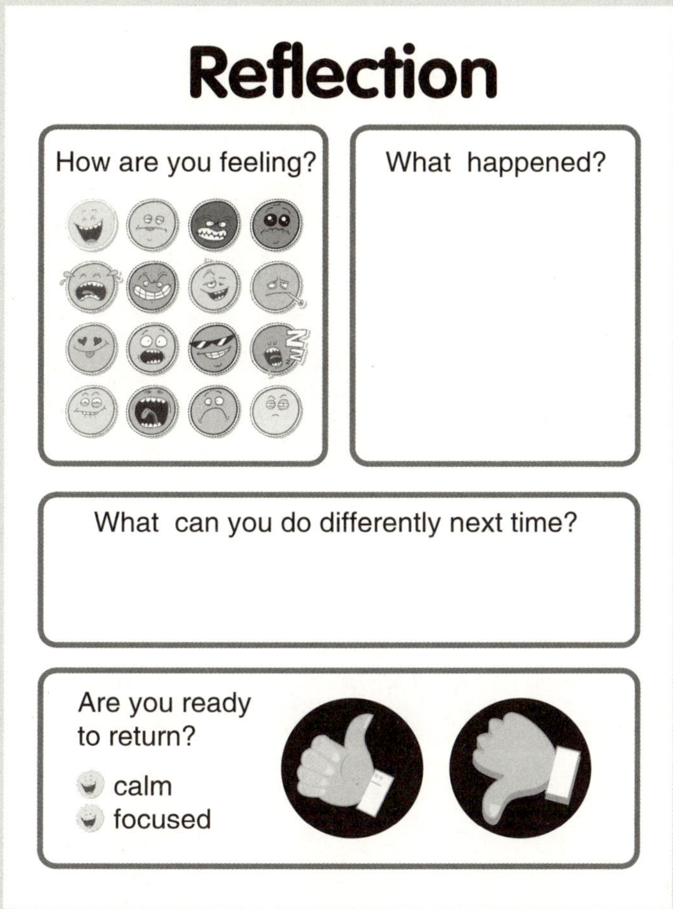

反思表

4. 预防性课堂管理包含了课堂方面的诸多细节，建议教师在具体实施时，先抓重点项目的预防，再逐步地深入到细节预防。特别要建议教师根据班级的实际情况来做预防策略的具体计划和实施。

思考与应用

教师要和家长保持沟通和交流，例如班级里有什么课堂管理规定、班级近期有什么活动等，都可以通过打印班级新闻让学生带回家或给家长发电子邮件的方式告知家长。从预防性课堂管理的角度说一说这样做的必要性。

参考资料

【1】Robert J. Marzano. *A Handbook for the Art and Science of Teaching* [M]. Alexandria, VA: Association for Supervision and Curriculum Development, 2009.

【2】John Hattie. 可见的学习：对800多项关于学业成就的元分析的综合报告[M]. 北京：教育科学出版社，2015.

【3】简·尼尔森，琳·洛特，斯蒂芬·格伦，著. 梁帅，译. 教室里的正面管教[M]. 北京：北京联合出版公司，2014.

【4】黄丽娟. 国际汉语教师生存指南·工作篇（上）[M]. 北京：高等教育出版社，2018.

【编者　罗怡】

第三节　学生行为管理与培养学生自我管理

背景

“预防性课堂管理策略”一节中探讨了如何从教师的角度来预防课堂问题的发生，本节将探讨课堂管理的主体——学生。课堂管理的最终目标是实现对学生的培养，因此，教师不仅要关注课堂管理体系的制订和实施，更要关注学生这个主体在课堂管理体系中的参与，优化对学生行为的管理以及培养学生自我管理。课堂管理就像是教师为学生设计的“导航”，引导、帮助学生实现自我的内在思维优化和外在行为塑造。如果教师在为学生导航的过程中，有意识地建立学生自己的思维，学生的自我管理能力会逐渐增强，管理的被动性会逐渐减弱。当学生有能力自己找到对的“路”，他们将不再依赖外界“导航”，而是通过自我导航前进。

原则、策略与技巧

学生行为管理及培养学生自我管理的原则是通过有策略地引导，让学生在管理中的角色从被动到主动，让学生对管理的认识从“规则”到“责任”，让学生收获终身受益的自我管理技能。对学生的行为管理及培养学生的自我管理是紧密联系在一起的，对学生进行行为管理的目标是培养学生的自我管理能力，培养学生自我管理的基础是对学生的行为进行管理和引导。人虽然不是天生具备自我管理的能力，但天生具备自我管理的潜力。教师帮助学生将“潜力”转换为“能力”的关键是培养学生的责任心和行动力。教师在制订引导策略时，要综合地将人、场所、制度及步骤相结合，实现学生的自我管理。

1　营造良好的班级氛围

营造良好的班级氛围是实现学生行为管理及培养学生自我管理的保证，为其他策略的有效实施提供了环境和可能性。良好的班级氛围建立在以人为本的基础上。澳大利亚学者John Hattie（2015）在《可见的学习》[1]一书中提到，在以人为本的班级里，学生学

1 现任澳大利亚墨尔本大学教育研究所主任John Hattie 教授及其团队使用元分析的方法对自20世纪70年代末以来国际上关于教与学研究的主要成果中提出的可能影响学习的因素按照效应量的大小进行了排序，并对这些因素及其影响逐一进行了分析和总结，著成《可见的学习》一书。该书对课堂教学实践与教师专业成长有许多启发性的研究结论，深受北美教育界人士的认可和支持。

习更投入，更自重和尊重他人，抵制行为更少，有更多非指导性（学生自发和调控自己）的活动，学生的学业成就更高。

“以人为本”要从“情”和“理”入手。“情”是指感性的基础。营造一个以人为本的有“情”之班，师生和生生之间应相互关爱、相互尊重、相互理解、相互包容。在这样的班级中，允许犯错，鼓励自我修正；在这样的班级中，学生有温暖感、归属感和安全感。“理”是指理性的基础。营造一个以人为本的有“理”之班，师生在班级中的行为应有参照，班级中有良好的秩序，而全面、有序的课堂管理体系就是这个理性的基础。教师不仅要制订出全面的课堂管理体系（包括规则、程序、违规后果等），还应该从开学初期就坚持引导学生熟悉和遵守体系的内容。当学生清楚班级管理制度的具体要求时，学生就已经达到“自我管理”的入门条件。规则、程序、违规后果等内容，既是管理细则，也是对学生的具体引导。

2 设计合理的课堂程序

课堂程序对学生的习惯养成很重要。课堂程序的作用是指导学生在教室里的日常行为，包括要做什么和怎么做。教师可通过“可理解输入—分步演练—实践操作—及时巩固”等步骤让学生掌握程序，将课堂日常程序逐渐培养成为学生的课堂日常习惯，对学生产生潜移默化的影响。当学生知道在什么时候做什么事情以及怎么做时，就已经开始养成“自我管理”能力，并以更主动的状态参与中文课堂。

程序的规划应从学生进入教室前就开始，包括如何进教室、如何上课、如何安静、如何下课等和课堂息息相关的日常程序。具体哪些日常活动需要有程序、每个程序有多详细的要求，要根据具体的课堂情况以及学生的年龄来判断，还要根据学生的反应做及时的反思和调整。一个重要的考虑指标是，学生在进行该日常活动的时候是否会影响到课堂的有效进行。比如，“进入教室”的状态直接影响了一堂课的开头，而开头可能影响整节课的情况，所以需要有“进教室程序”。如果学生可以做到在进入教室的那一刻就安静下来，那么进教室程序的要求就可以更简洁：“安静地进入教室。”如果学生进入教室后，总是因为各种原因需要时间才能安静下来，那么教师最好在教室门口等待学生，组织学生排队，再安静有序地进入教室。很多新教师反映对于学生在教室里的行为问题束手无策，不知道应该从哪里入手对学生的行为进行管理。建议教师先从反思课堂程序入手，思考是否制订了必要的课堂程序、是否有效地向学生输入了程序、是否注重引导学生将程序养成习惯等。课堂的日常惯例让人有一种秩序感和稳定感，能有效地避免课堂的纪律问题。

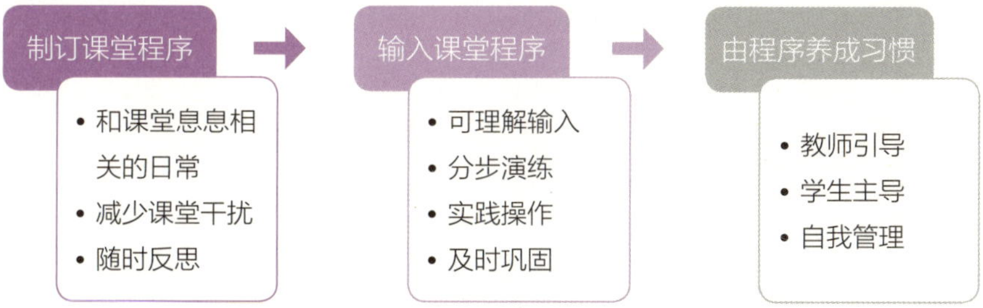

课堂程序规划图

3 学生要对自己的行为负责

要通过让学生对自己的行为负责（be accountable），来实现学生的责任感（be responsible）。首先，学生要知道自己的责任是什么，为行为负责的要求是什么，要承担的后果有哪些。通过课堂全面、有效的管理体系可以有效传达课堂中的责任信息。教师要避免一个误区，认为把规则、程序和违规后果制订出来，贴在墙上，再跟学生说一下就可以了。制订规则并展示只是管理体系实施的开始，重点在于让学生理解整个体系，能够参照和实践管理体系。建议教师一定按照“可理解输入—分步演练—实践操作—及时巩固”的程序进行扎实的管理教学。第二，教师要对学生有高期望和严要求。让学生知道教师的期望，当违规问题出现时，要严格执行违规后果。如果教师对一个学生放松了要求，那么管理体系就失去了其公平性和权威性。教师在处理学生违规问题时，一定要以尊重学生为基础，要让学生明白，这不是一个惩罚的过程，而是一个反思的过程、让学生学会为自己的行为负责的过程。我们希望学生通过接受违规后果中的反思，进而培养自我管理意识。第三，为学生设计行为记录方式，让学生通过完成“行为自我监督表”(behavior self-monitoring chart)，对自我行为进行评价与反思。这是通过可视化、可检测化的途径让学生进行自我管理和对自己的行为负责。“行为自我监督表”的制订要参照课堂管理的要求和学生的具体情况。常见的行为监督表应包含以下内容：

- 监督范围——全天的总情况，部分课堂程序（听课、进行活动、完成作业等）的情况等；
- 监督频次—— 一节课一次，半天一次，一天一次，一周一次等；
- 评估方式——不同表情，选“是”或“不是”，根据不同标准（rubric）评分等（无论用哪种评估方式都要充分考虑学生进行这种自我评估所需要的时间及效果）。

教师可以根据自己的中文课时间和学生的年龄层次来创建合适的学生自我监督方案。以下是可供参考的范例：

行为自我监督表（范例一）

Self-Monitoring Card

Class or Time: Chinese 中文		
Behavior Tasks:	**Results?**	
1. Be prepared for class with all materials.	Yes	No
2. Start the assignment when told to begin.	Yes	No
3. Continue working until assignment is done.	Yes	No
4. Ask the teacher for help in a pleasant way.	Yes	No
Total Yes: ______ Signed: ______		
Total No: ______ Teacher: ______		

行为自我监督表（范例二）

Student Name ______ Date ______			
1. 我能快速行动。	☺	😐	☹
2. 我能先举手，后发言或离开座位。	☺	😐	☹
3. 我能把手和脚放好。	☺	😐	☹
4. 我能尊重我的老师和同学。	☺	😐	☹
5. 我不为问题找借口。	☺	😐	☹

行为自我监督表（范例三）

一周评估表

姓名 ______

周一	周二	周三	周四	周五	总分

4分—我做得非常好；3分—我有1次违规；2分—我有2次违规；1分—我有多次违规

4 请学生参与班级管理

通过承担班级工作的形式请学生参与班级管理，既能培养学生的班级主人翁意识，又能培养学生自我管理的能力。当学生体会到自己的行为能够对环境产生积极影响时，学生会对这个环境的维护有一份使命感。交给学生一项工作并相信学生能够胜任，让学生有被信任而产生的责任感。在班级已有完善的课堂管理体系的前提下，可以鼓励学生参与班级管理。教师可以通过设置不同的班级工作岗位，给学生不同的参与班级管理的体验和为班级服务的机会。学生能够对班级管理有不同立场的认识，对班级管理的细则有更好的了解，还可以对自我在班级中的角色有更好的定位。在行使班级工作“权力”的过程中，工作的角色会在一定程度上带动学生“自我约束”。

实施教室工作的注意事项：

- 用可理解输入让学生知道每个工作的名称和存在的重要意义。
- 通过示范和演练让学生明白每个工作的具体任务。
- 轮换工作岗位，给学生不同的工作体验机会。
- 观察学生执行工作的状况，据此对工作进行必要的调整。
- 当学生出现课堂行为问题时，教师有暂时取消学生工作的权利。
- 及时对学生的工作成效给予肯定。

常见中文教室工作

工作	职责	工作	职责
班长	协助教师做班级整体管理	组长	一组一个，做小组管理
纪律助手	班级纪律提醒和记录	点名助手	帮助教师考勤
文具助手	整理和准备班级文具，如削铅笔等	资料助手	课堂资料的发放
作业助手	整理和清点交作业情况	桌椅助手	维持课堂桌椅的整齐摆放
安全助手	关注同学在班级中的安全问题	电器助手	负责教室电器的开关和调试
排队助手	队首和队尾各一名，帮助班级排队	清洁助手	监督同学们维护教室清洁
活动助手	班级活动时，帮助教师拿放道具等	图书助手	整理班级图书，提醒同学们爱惜图书
信息助手	提醒同学们班级的重要信息	工作助手	监督工作情况，按要求交换工作

5 培养学生自我管理的细节引导

以上策略是为实现学生自我管理夯实基础，本部分的策略侧重阐述直接影响学生自我管理的细节。

（1）说明目标及目的

目标和目的同样重要，目标让学生有方向，目的让学生有内在动力。在高效的教学中，不可缺少的环节是“认识目标”，有了目标，学习才更有方向。而教学的升华点在于从联系学生的实际生活解释“为什么学”，达到“应用目标”的目的。进行学生行为管理及学生的自我管理也是一样。教师要明确地向学生提出期望并帮助学生认识到最终的目的——自我管理能力将对他们的人生和未来产生的积极影响。自我管理的目标为学生指明了向什么方向努力，自我管理的目的让学生明白自我管理带来的好处。让学生明确“向什么方向努力”和“为什么努力”，能帮助学生更好地实现自我管理。

（2）做自我管理的示范

学生一开始并不知道如何做好自我管理，教师的言传身教是给学生最好的示范。一个很好的示范方法是“放声思考”（think aloud），教师可以将自己实施自我管理时的心理动态用学生能理解的方式分享给学生，同时将思考付诸行动。例如教师面对课堂中的纪律问题时，会以什么态度和行为去面对？有的教师会脱口而出地抱怨：“……怎么又……”；有的教师会通过自我管理，以冷静的情绪去面对：“我们的同学需要一点帮助，我们一起想一想课堂的规则是什么。”相信教师的“自我管理”示范会对学生产生积极的作用。

（3）强调行为的影响力

学生需要明白自己行为的力量。美国教育学博士Jane Nelson（2014）在《教室里的正面管教》[1]一书中提到“帮助孩子们在学校和人生中成功的三个信念：1. 我能行。2. 我的贡献有价值，大家确实需要我。3. 我能够以自己的力量做出选择，对发生在我自己身上和我的群体中的事情产生积极的影响。”当学生知道自己行为的影响力，他们会更加谨慎地管理自己的行为。教师可以通过课堂的真实活动来强调学生行为的影响力，让学生们体会他们的行为可以对事情的发展产生积极的影响。例如，很多学生喜欢课堂的中文表演活动，那么教师可以和学生沟通，课堂中可以安排更多的中文表演活动，但是学生要用良好的表现和学习效果来证明这个安排的可行性。教师可以推测学生们接下来会怎么做。学生通过自己的行为管理，得到更多中文表演活动的机会，教学目标提前完

1 本书作者是美国教育学博士、心理学家和教育学家Jane Nelson和美国心理学硕士、知名演讲家Lynn Lott。正面管教的核心是在互相尊重和支持的班集体中教给孩子社会和情感技能，激发学生的内在动力去追求学业和社会的成功。这是一种经过数十年实践检验，使全世界数百万教师和学生受益的黄金准则。

成，他们的中文水平得到了提升，上面提到的有助学生成功的三个信念也得到了强化。这样的一次成功是教师正面引导的成果，当多次的成功进行叠加时，就会形成学生自我管理的习惯。

（4）启发思考的能力

学生进行自我管理需要具备思考的能力。教师总是告诉学生怎么做属于“阻止思考行为”（think-stopper），可能会导致两种情况：第一，即使学生听话，学生也是被动执行，离开了教师就不会思考，但是教师不可能永远告诉学生要做什么；第二，如果学生厌烦，就会停止接受教师的信息，学生的情绪和性格也会受到影响，还枉费了教师的一番苦心。

教师让学生自己找答案属于“启发思考行为”（think-starters），对于学生能力范围内的问题，多问学生“是什么、为什么，怎么办”，让学生发现问题的本质，思考解决问题的方法。教师要学会有技巧地将问题和责任留给学生，提高学生独立思考的能力，实现学生的自我管理。如学生离开教室时总是丢三落四，有的教师会选择一遍又一遍地提醒学生不要忘记水杯、不要忘记夹克、不要忘记……；有的教师则会选择制作一张“离开教室程序清单”，贴在教室的门边，在学生有序排队离开教室时，自己通过查看清单反思后再离开教室。

（5）减少外在奖励

虽然外在奖励是课堂管理中常用的方法，但是长期使用不利于学生自我管理能力的培养。外在奖励机制的优点是能够及时、有效地调控课堂行为，而它的问题也在于此——“控制性”太强。如果个体的行为处于“被调控”的状态，是不可能实现完全独立思考和自我管理的。建议在建立班级管理体系的初期使用外在奖励，以便有效建立管理常规，引导学生由常规养成习惯，在逐渐培养学生的自我管理能力的过程中，弱化奖励的作用。

（6）重视赞扬的力量

当教师发现学生做到自我管理的良好行为表现时，要及时、有针对性地表扬学生。如：“今天中文课开始之前，虽然我还在门口迎接其他同学，但是教室里很安静，大家进了教室以后，都自己安静地开始看书。”教师越是树立这些优秀的典型，学生们对于优秀行为的认识就会越清晰。教师应认可学生在自我行为管理方面的进步，用赞扬的力量强化学生的三个信念：① 我能行；② 我的贡献有价值，大家确实需要我；③ 我能以自己的力量做出选择，对发生在我自己身上和我的群体中的事情产生积极的影响。除了通过在课堂上以口头表扬的形式当着全班同学的面表扬学生以外，教师还可以通过表扬信的书面形式和学生家长分享对学生的赞扬。还有的教师为学生建立了好行为积分表，通过可视化的表格量化对学生的表扬。还有沉浸式的教师通过班会的形式，组织学生进行好行为的自评和互评。

（7）做好行为管理计划

学生有时会觉得没有办法管理和控制自己的某些行为，当这种情况发生时，有的学生会主动向教师寻求帮助，也有的学生不知道怎么处理。教师要观察学生的情况，在学生需要帮助时及时予以支持，以防学生可能因此而产生的不良情绪如失落、焦躁、生气等，甚至是更严重的行为问题。教师可以通过与学生分享应对问题的策略，帮助学生从错误中汲取经验，在自我修正的过程中养成成长型思维（详见第二章第四节“培养学生的成长型思维”）。

帮助学生的具体步骤可以是：① 和学生讨论问题和计划；② 取得家长的理解和支持；③“教师—学生—家长”三方合作，就学生的“行为管理计划”达成共识，共同帮助学生解决问题。

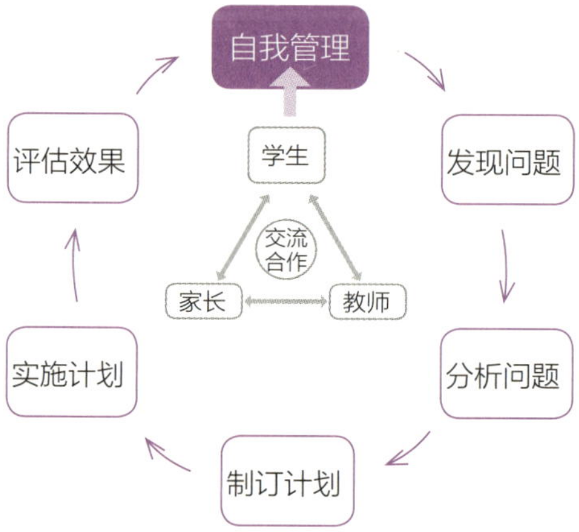

行为管理计划核心流程

案例分析

案例一

孙凤老师是Green Creek Elementary School四年级中文沉浸式的教师。开学初她发现学生习惯在中文班里说英文。孙老师反复提醒学生在中文班要说中文，可是效果不好。为了帮助学生养成在中文班用中文交流的习惯，孙老师想了一个办法。她准备了一个透明的小罐子和一些透明的装饰石头，然后告诉学生：“如果没有一个人在中文教室说英文，那么一天结束的时候，这个罐子里就会多一颗石头；如果有人在中文教室里说英文，那么这一天就没有石头。当罐子满了的时候，全班就可以开一次睡衣派对[1]。”同学们都想为集体争取这次睡衣派对的机会，所以大家都有意地自我管理，改变之前养成的在中文班说英文的习惯。时间一天一天过去，在同学们坚持了四十多个教学日时罐子满了。虽然偶尔还是有学生会在不经意间说英文，但大部分学生在不知不觉间都养成了在中文班说中文的“新习惯”。

获得第一次奖励以后，学生看到了自己行为的力量，备受鼓舞。孙老师这次给大家提出了新挑战：如果一周都没有人在中文班说英文可以集五颗石头，如果有人说英文则没有石头；等到罐子满了，每个人可以得到一个漂亮的中国结。这一次等待奖励的时间更漫长，但是学生们还是坚持做到了，当每个人手中都拿着那个奖励的中国结时，孙老师在学生们的眼中看到了对自己行动力的认可。自此以后，孙老师不再用集石头的活动来监督学生说中文了，因为学生已经基本养成了在中文教室说中文的习惯和自我控制力。为了鼓励学生们多说中文，孙老师还向学校申请了一台平板电脑，专门用来给学生拍摄中文读书和表演的视频，记录下学生的中文提升过程。

➔ 案例分析

孙老师运用外在奖励的调控和同伴的影响力，帮助学生养成在中文班说中文的习惯，培养了学生的责任心和自我管理能力，再逐渐减弱外在调控，最后完全依靠学生的自我管控来达到让学生说中文的目的。为了让学生保持好习惯，孙老师通过视频记录的方式让学生看到自己的进步，用学生的内在动力来激发学生学习中文的热情。

1 睡衣派对是美国小学常见的班级奖励之一，当班级举行睡衣派对的时候，学生可以穿自己的睡衣来学校上课。学生非常喜欢这个奖励。

案例二

刘文老师是Green Creek Elementary School五年级中文沉浸式的教师，现在是他们班的“工作站”时间。一个组的学生在U型桌和刘老师做分级读书；一个组的学生在地毯上玩中文“故事盒子”的游戏；一个组的学生在汉字墙旁边用白板和马克笔做写字练习；一个组的学生两两搭档，在座位上用平板电脑中的“puppet pal”程序合作编辑中文迷你剧。每一个组都有一个单独的工作站区域，既不会相互干扰，又保证了每个学生活动的空间。教室里虽然有不同的说中文的声音，但是大家的音量都控制得很好，除了迷你剧组因为要录音声音稍大，其他组都是接近悄悄话的声音。

“滴滴滴滴”，挂在大白板上的计时器响了。每个组的学生都迅速地将所用的物品放回原位，然后站好。一个挂着“活动助手”工作牌的学生迅速按了一下计时器，然后又指着白板上的工作站小组安排表说：“请小组长到下一个工作站准备。”只见每个组挂着“小组长”工作牌的学生按顺时针方向走到了下一个工作站，确认工作站的用品齐全后，举起了手。当全部组长都举手时，活动助手说：“请同学们开始下一个工作站。”说完以后，他重新启动了15分钟的倒计时，然后迅速回到自己的工作站。在这个过程中，刘老师作为一个课堂的参与者而不是领导者，认真地观察着学生的表现，记下来学生的亮点和需要改进的地方，并准备在工作站结束的时候对学生做点评。

案例分析

刘老师的工作站运行看似无教师管理，实则处处体现了教师管理体系设计的用心，以及前期教授工作站程序的落实和培养学生自我管理的成功。刘老师通过分区域设置工作站，让学生的学习不会彼此干扰；通过不同类型的工作站设置，让学生以多元化的方式提高中文水平；对于有操作或知识难度的工作站安排教师进行指导（如中文的分级阅读）、对于学生能够独立完成的工作站让学生自己发挥，合理调动了学生的自主性；通过小助手和小组长的设置和工作的轮换，让学生参与工作站的运行，学生可以更加了解整个流程，也会对自己的行为更加负责。

案例三

赵倩老师是Green Creek Elementary School二年级沉浸式的教师，这是赵老师第一年在美国任教。课堂上赵老师为了不浪费时间，准备一边讲课一边给学生发接下来要用的资料。学生Beth举起了手，赵老师一边通过眼神示意学生等一下，一边继续讲着课。Beth忍不住站了起来，把手举得高高的。赵老师不得不停下来制止她：“老师在讲课，请你等一下。”这下Beth更急了，直接离开座位向门口快步走去。班上一下炸开了锅，以为他要冲出教室。赵老师也急了，一边说着：“等一下，等一下！”一边追了过去，手上的资料撒了一地。结果Beth走到门口的班级工作栏处，指着“资料助手”工作卡片说：“我做！”全班这才恍然大悟，原来是因为Beth想帮助赵老师发资料。但是赵老师认为学生发资料的时间太长了，会耽误教学时间，于是对Beth说：“谢谢你想帮助我，但是老师做快一点儿，今天没有时间了。”由于赵老师忙着在下课前将内容讲完，她没有看到Beth回到座位时黯淡的眼神。在放学前的最后一刻，赵老师终于将教学内容上完了。学生们抓起书包就冲出了教室，留给赵老师一个桌椅摆放不太整齐、地上也不太整洁的教室。

案例分析

案例中赵老师一味地重视教学而没有认识到培养学生自我管理能力的重要性。研究表明，社会情感教学和知识教学一样重要，做好了社会情感教学，将带来更好的学习效果。通过让学生做力所能及的事情可以培养学生的责任心和执行能力。赵老师已经制订了班级工作，可是却没有实施。因为赵老师认为学生动作太慢，也担心学生做不好，所以凡事喜欢亲力亲为。赵老师没有意识到，自己虽然节约了一些时间，可是却错过了极好的培养学生能力的机会。虽然整理桌椅和捡地上的垃圾等班级工作看似和学习无关，但是对学生的责任心和行动力的培养却是非常重要的。

小贴士

学生的行为管理和培养学生的自我管理是班级的一个长期目标，在实践的过程中有很多的细节和策略。教师应该根据自己班级的具体情况，思考有意识地引导学生的具体策略，做一个“有心人”。教师还可以和家长多交流，家校合作帮助学生培养自我管理能力。

思考与应用

有的教师在谈到问题学生时喜欢用这样的表达：“他/她就是这样的！”“父母都管不了，我怎么管？”“他/她的习惯都定型了，管不了！”你赞成这样的观点吗？请说明为什么。

参考资料

【1】John Hattie. 可见的学习：对800多项关于学业成就的元分析的综合报告[M]. 北京：教育科学出版社，2015.

【2】Robert J. Marzano. *A Handbook for the Art and Science of Teaching* [M]. Alexandria, VA: Association for Supervision and Curriculum Development, 2009.

【3】黄丽娟. 国际汉语教师生存指南 · 工作篇（上）[M]. 北京：高等教育出版社，2018.

【4】简 · 尼尔森，琳 · 洛特，斯蒂芬 · 格伦，著. 梁帅，译. 教室里的正面管教[M]. 北京：北京联合出版公司，2014.

附录：“故事盒子”活动

- **活动目的**：学生通过此活动能够说出带有时间、地点、人物、事件的完整句子。
- **沟通模式**：阅读理解（Interpretive Reading）
  口头表达（Presentational Speaking）
- **活动适用**：小学、初中、高中
- **语言水平**：初级、中级、高级
- **活动形式**：工作站
- **活动属性**：动态

❖ **活动准备：**

1. 此活动适合2—6个人，可以作为工作站的一个活动。
2. 给学生准备四个盒子，并贴上标签：时间、谁（人物）、哪里（地点）、什么（事件）。
3. 在每个盒子里放入对应的词语卡片，例如时间盒子里放入“早上”“有一天”等，最好是学生已经学过的词语。

❖ **活动建议：**

1. 学生从四个故事盒子中各抽出一张卡片，然后根据卡片提示的信息，说一个故事。
2. 学生从将信息组成一个正确的句子开始，再加入一些细节，逐渐形成故事。
3. 建议将盒子的顺序固定，这样能从视觉上提示和帮助学生使用正确的语序。

【编者　罗怡】

第四节　培养学生的成长型思维

背景

德国哲学家、教育家康德（2005）曾说："教育或许会变得越来越美好，而且每一代人都向着人性的完满实现更进一步；因为在教育背后，存在着关于人类天性之完满性的伟大秘密。" 教育的美好源自引导人成为更好的人，而教师是实现这份美好的重要导路人。课堂管理除了要考虑如何营造高效的学习环境，还要考虑更深刻、更深远的目标——培养学生，让学生拥有思考的能力，做出正确的选择，并且拥有更好的人性。

行为是外在表现，思维是内在驱动，要想影响学生的行为，要从思维入手。在课堂管理中，如果加入对学生思维的引导策略，让学生成为课堂的主动参与者，而不是教学指令的被动执行者，将使学生终身受益。针对教育对学生思维的影响，已经有很多的研究和实践。目前在北美的很多学区和学校，培养学生的"成长型思维"（growth mindset）策略被大力推崇和广泛使用。

斯坦福大学心理学教授Carol Dweck定义了两种思维模式，"成长型思维"（growth mindset）和"固定型思维"（fixed mindset）。拥有"成长型思维"的人相信自己的智力和能力处于成长发展中，努力可以弥补先天的差距，因此愿意花更多的时间和精力来获得自我提升。而拥有"固定型思维"的人则忽视后天努力的重要性，认为自己的智能是固定的，很难改变，因此不敢尝试，更不愿面对失败。成长型思维模式最大的魔力在于改变人们习惯性的消极和对自己的否定，同时引导人们重视努力的作用。在中文课堂中，引入成长型思维的模式，能让师生积极面对课堂，重视自我努力的力量。

原则、策略与技巧

全面认识成长型思维

第一，思维方式会影响人面对问题时的具体表现，而不同的行为表现，最终又会带来不同的结果。

思维对比表

固定型思维		成长型思维
认为才智是天生的，固定的。 所以倾向于：		认为才智是努力可以提升的。 所以倾向于：
避免暴露自己不足的可能 ⇛ 拒绝挑战	挑战	接受挑战 ⇚ 给自己成长的机会
否定自己的能力 ⇛ 轻易放弃	困难	坚持面对 ⇚ 相信自己可以改变
才智是天生的 ⇛ 没有必要努力	努力	努力很重要 ⇚ 才智处于成长中
觉得是针对自己 ⇛ 不接受意见	意见	接受有益意见 ⇚ 可以从中学习提高
显示敌意 ⇛ 凭什么他能成功？ 感受到威胁 ⇛ 他比我更优秀？	他人 成功	他哪些地方做得好？ ⇚ 感受到启发 他真的很优秀！ ⇚ 真心祝贺
被自己限制了实力 ⇚	最终	**⇛ 不断突破自己**

以上图表简明、清晰地对比了两种思维的主要特征。要特别提出的是，人的思维不是非此即彼，没有人是完全的成长型思维模式，也没有人是绝对的固定型思维模式。大多数人同时拥有固定型和成长型思维，在某些方面，表现出固定型思维占主导，在另一些方面，表现出成长型思维占主导。当大脑能够有意识地辨别两种思维时，才可能实现通过主观意志来调控这种主导性。教师应让学生认识到成长型思维的可能性和重要性，从而有意识地选择以成长型思维面对学习。

第二，成长型思维不是盲目乐观，而是在承认差距的前提下，有策略地缩小差距。Carol Dweck教授（2015）曾解释说：“成长型思维的目标是缩小个人间才智水平的差距，而不是掩盖它们。这意味着，首先，老师要告诉学生他们的真实水平，让学生诚实面对自己的现有成绩；然后，通过共同努力，用行动改变现状，提升学生的学习水平。”成长型思维不是盲目乐观、安于现状，而是让学生以平常心面对自己的现有水平，卸下一些思想包袱（如做不好就是不聪明），在承认差距的前提下，更多地关注策略和行动（做不好的原因是什么、有什么改进的方法），有目标、有策略地缩小差距。成长型思维让学生有更少的学习压力和更强的学习动机，让大脑更高效地产出更多元化的学习成果。

中文教师的成长型思维习得

中文教师自身的成长型思维习得是班级成长型思维习得的重要前提和有力保证。当教师能够充分理解并在班级里实践成长型思维时，才能正确、有效地引导学生的习得。中文教师成长型思维习得分两步：内在理解和外在表现。

第一步，内在理解。教师要用成长型思维来理解课堂上学生的中文学习表现。首先，学生还处于学习成长阶段，他们对自我的认知和管控能力与成人是不一样的，不能以成人的标准来衡量他们。其次，不同的学生，学习情况也不一样，有的学生接受新知更快，有的学生接受新知慢一些，后者可能需要更长的时间和更多的解释。Carol Dweck教授（2017）在她的书中写道："你是否认为，反应较慢的学生永远拿不到好成绩？他们是否认为自己永远都是笨蛋？你应该去弄清楚他们不懂的地方，以及哪些学习方法他们没有采用过。记住，优秀的教师相信才能和智力的发展，而且更关注学习过程。"是的，作为教师，要从成长型思维出发，相信学生的才智在正确方法的指导下能够得到发展。当学生出现学习问题时，教师要避免无意义的责备，多提供一些有意义的指导。有了这样的内在理解，中文课堂中成长型思维的发挥就有了可能性。

第二步，外在表现。教师的外在行为会向学生传递出"思维"的信息。假如在课堂里，学生看到的是教师不耐烦的表情，听到教师说："这个我说过很多次了，你怎么还听不懂？"这样固定型思维的消极表达，学生会觉得失落、自尊心受挫，甚至会觉得教师在讽刺自己。假如在课堂里，学生看到的是教师耐心的笑脸，听到教师真诚的鼓励："你还没有明白这一点，我们一起来看看怎么解决这个问题。"通过这样带有成长型思维的正面表达，向学生传递一个信息——问题的重点不是自己是否聪明，而是要找到对的方法。

下面的情景表设计了一些课堂中可能会遇到的情况。教师可以在情景体验中模拟两种类型的教师在课堂上面对问题时的反应。一个很好的排练方法是，对着镜子，做模拟表演，这样可以看到自己的表情，还可以换位思考自己的表情和语言可能给学生带来什么样的感受。教师可以在两种对比的排练中体会成长型思维的力量。还可以通过这样的预设排练，让自己更熟悉整个流程，便于在真实的课堂中更游刃有余地面对问题，举一反三，灵活运用。

教师行为对比表

面对情景	固定型思维的教师 （忍不住大声责问）	成长型思维的教师 （走到学生面前，小声询问）
学生没有听懂知识点	怎么这个都听不懂？	没关系，我们来看看问题在哪里。

续表

面对情景	固定型思维的教师 （忍不住大声责问）	成长型思维的教师 （走到学生面前，小声询问）
学生不知道怎么解题	不是刚刚才讲了方法，怎么还不会？ 你没有听吗？	刚才老师讲的方法，你听懂了吗？ 还有哪些地方不明白？
学生违反纪律，扰乱课堂	你就是故意扰乱课堂。你老爱违反纪律。你让我们没法上课！ 老师已经说了几次了，你听不懂吗？你再这样，就请你去办公室。	你需要老师帮助吗？你觉得什么样的环境下，大家可以好好学习？ 如果你不熟悉我们的课堂规则，我想我们可以一起再练习。
学生因矛盾打了其他同学	坏孩子才喜欢打人。 打人是不对的。	为什么你会打同学？打人是很好的解决问题的方式吗？ 想一想什么方法可以解决问题。相信你下一次会处理得更好。

课堂管理中的成长型思维引入

在中文课堂管理中引入成长型思维模式，需要教师用学生可理解的方式输入成长型思维的理念，用分步教学的方式逐渐让学生感受到成长型思维带来的积极课堂。在潜移默化中，学生会逐渐地理解和接受，最后成为成长型思维的主人。

第一步，闪亮登场。很多学生都意识不到主观思维对行动的影响和作用。教师可以给学生介绍成长型思维，让学生逐渐理解不同的思维模式会对行为产生不同的影响，从而开始尝试用思维规范自己的行为。

在介绍成长型思维的过程中，教师要巧用策略。教师可以通过一些与成长型思维相关的图片、名人故事、视频让学生对成长型思维有初步认识；结合班级中真实的成长型思维事例，让学生明白做到成长型思维并不难；通过现场指导学生进行两种思维的对比表演，让学生切身体验成长型思维模式的“魔力”。

考虑到学生用中文理解成长型思维会有难度，建议介绍初期的所有资源（如海报或活动纸等）都用中英双语。学生对成长型思维的相关内容已经熟悉之后再去掉英文辅助。如果是有100%中文教学要求的沉浸式班级，可以和英文搭档提前做好合作（collaboration）计划，分别在英文班和中文班推出成长型思维的介绍，并使用同样的资源（英文班用英文版，中文班中文版）；还可以和家长分享一些成长型思维的英文资源，得到家长的认可和配合，实现家校联合培养。

思维对比海报

第二步，持续影响力。为了让学生在理解成长型思维的基础上，养成用成长型思维指导行为的好习惯，教师要通过多角度的输入方式和多样化的班级活动持续扩大成长型思维的影响力。

✧ **学生看得见：**在教室里或教室外面的展板上布置成长型思维的主题展览，让学生天天“看到”成长型思维。展示的内容可以是在介绍成长型思维时用过的图片、海报或学生成长型思维的作品等。很多教师还会用类比的方式来帮助学生理解，比如思维成长的这个过程，经常被比作植物的生长。由此，很多教师喜欢用树的形象来生动地表现成长型思维。

成长思维树主题展览（上海美国学校供图）

✧ **学生想得到：**成长型思维不仅要进入学生眼里，更要深入学生心里，让学生想得到、忘不掉。学生和教师可以一起讨论制订中文班的成长型思维口号，探讨如何将口号改编成朗朗上口的歌谣和说唱，或是为口号配上流行歌的旋律，还可以配以帮助理解的动作。不管是口号的内容还是表现形式，都要符合所教学生的年龄特征，生成受学生们欢迎的口号之歌。学生自己参与设计的口号，他们会更加有认同感。

这些口号会和中文班的课堂管理规定平行存在，一个主内心，一个主行为。

✧ **学生做得到：** 教师要不断帮助学生树立一个信念：成长型思维不是一道“难题”，而是一道“选择题”。只要学生愿意选择，就可以做到。首先，教师要对班级有信心，对学生有期望。研究表明，教师的期望对学生学得多好以及学到多少起着重要的作用。同时，教师也要有耐心，不断抓住时机，将班级教学活动中的具体情境和成长型思维主题展示相关联，不断做成长型思维的循环复习。

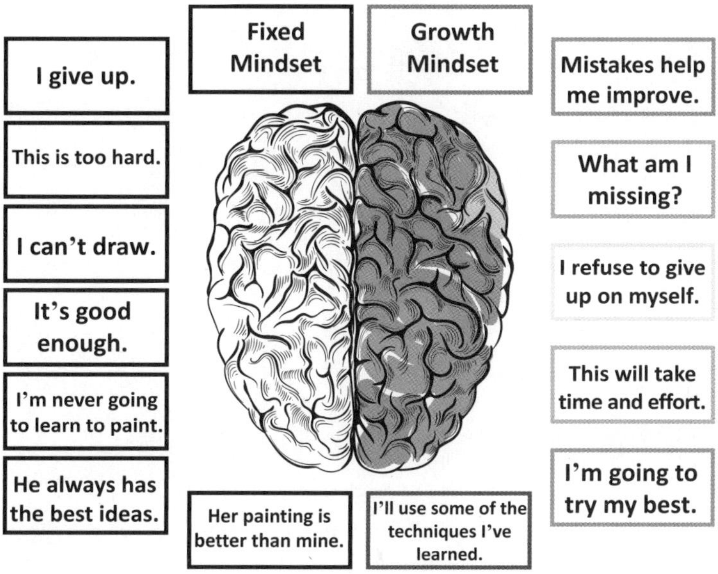

固定型思维模式与成长型思维模式对比

第三步，庆祝成长。在成长型思维模式的引入过程中，要确保最大限度地让学生理解并受益，最好用一个学生的成长去影响更多学生，借助学生之间的交流去深化相互影响。教师在平时和学生相处的过程中，要通过真实的教学和事例深化成长型思维模式的影响力。当教师发现学生的成长型思维表现时，要及时地“庆祝成长”。有的教师会随时表扬学生具有成长型思维的表现，如：“我们今天学的内容很难，但是我看见大家都在努力学习。”有的教师会专门设置一个成长型思维展示区，学生可以自发将自己或朋友的进步通过图片或者文字展示出来。还有的教师会组织成长型思维的迷你班会，用几分钟的时间，让学生交流思维成长的故事。教师们可以根据班级情况选择适合的方式。

有些教师可能会感觉将成长型思维引入课堂不易。这的确需要一个过程，这个过程的长短和难易程度，受到学校、学生、家长和教师等因素的影响。有的教师可能会因教学时间有限和进度要求而产生顾虑。良好的课堂管理是课堂效率的有力保证，而外在管理体制需要内在思维培养的支撑，内在培养越好，外在管理越少，课堂效率越高。这样一个不需要过多课堂管理、学生自觉参与的高效率课堂，值得投入时间和精力。当中文课堂成功引入成长型思维模式，教师会有更多的中文教学时间，实现更高效的中文学习效果。

案例分析

案例

方婷是Pear Elementary School三年级中文沉浸班的教师。作为一名有经验的中文教师，她在班级里建立了完善的课堂规则和程序，可是，仍有个别学生会违反课堂纪律，当他们干扰课堂时，也会影响到其他学生的表现。还有一部分学生，虽然没有行为问题，但是在学习中很被动，总是在课上无精打采的。为了找到解决方案，方老师参加了学区组织的课堂管理培训。培训教师为大家介绍了成长型思维模式——从心入手，逐渐帮助学生用好的思维指导行为，有力地支持课堂管理体系。在培训教师的建议下，方老师准备了一系列结合语言教学的成长型思维活动课，逐步推广成长型思维，把成长的种子播种在每一个学生的心里。

第一步，方老师提前联系了英文搭档和学生家长，说明了想将成长型思维引入中文课堂的意图，取得了他们的支持。为了方便搭档在英文班和学生在家里开展成长型思维的学习，方老师在网络上搜集了很多适合三年级学生的学习资源，分享给搭档和家长，如ClassDojo平台中有一系列非常好的介绍成长型思维的动画短片（可在该平台搜索“growth mindset”）。

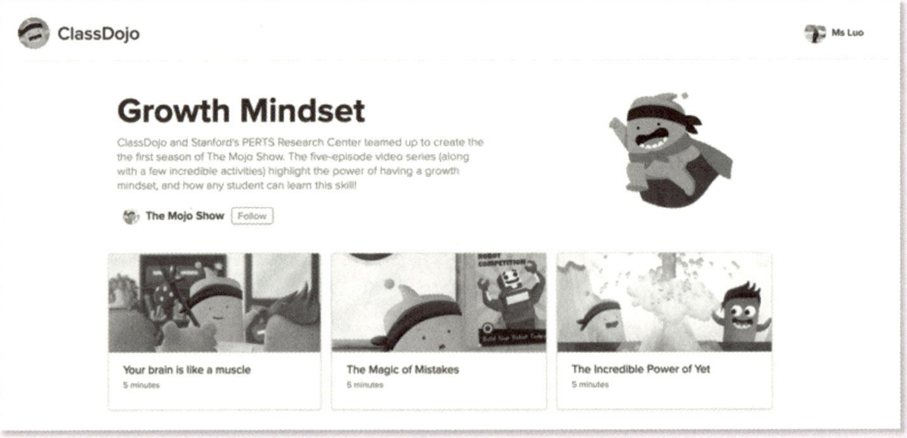

ClassDojo平台上的成长型思维系列动画

第二步，方老师为学生播放了一个生动解说成长型思维的视频。视频是方老师在网上找到的教学资源，因为其配音是英文的，而沉浸式教学中要避免使用英文，所以方老师提前将视频静音，用自己的语言来解说内容。在讲到关键的信息时，方老师会暂停下来，询问学生：“你看见了什么？”“为什么他的大脑会被锁住？”“接下来会发生什么？”“你想选择哪一个？”等一系列的问题来加深学生的理解。虽然三年级学生的中文水平有限，但是方老师注重了可理解输入并尽量使用学生可以明白的语言描述，所以学生都明白了成长型思维是什么。

成长型思维介绍视频

第三步，方老师为了让同学们在对前面内容理解的基础上分辨实际情景下哪些行为属于固定型思维、哪些行为属于成长型思维，制作了一个配有图片的学生行为对比表。方老师通过PPT逐一呈现出这些情景，让学生两两搭档在情景中做对比表演，体会不同的思维下产生的行为的差异。最后让学生探讨和选择自己支持的思维和行为。

学生行为对比表

固定型思维的学习者想：	成长型思维的学习者想：
我不可能明白。 	怎样才能明白？我要查找知识的漏洞，寻找更好的方法！ 

续表

固定型思维的学习者想：	成长型思维的学习者想：
这太难了，我想放弃。 	虽然这很难，但是我会坚持用更多的时间来努力做好！ 
我做错了，我很沮丧。 	做错了没关系，只要我可以从错误中汲取经验。 
这个成绩已经很好了。 	这是我最好的成绩吗？我还可以怎么做来提高自己的水平？ 
我学不好中文。 	我还没有学好中文，所以我在继续努力。 
我不可能像A那么聪明。 	A是怎么做到的？我要学习他的方法。 

第四步，方老师呈现了一张图片（见右图），让学生讨论：“图片上的这些学生哪些是没有成长型思维的？”学生们一开始就被这个“谜题”勾起了兴趣，有说红衣服的，有说长头发的，有说男生的。方老师请大家解释为什么，学生们陷入了思考。一个学生说：“我们看不见他们做什么，所以我们不知道。”一个学生说：“可能是他，也可能是她。你要看他们怎么做。”虽然大家的语言表达能力有限，但方老师能感觉到大家已经明白：“图片上的学生谁都可能是有成长型思维的，也可能是没有的，因为这张图片并没有展示出他们的行为，要

谁有成长型思维?

通过具体行为才能体现出人的思维。”方老师接着学生的话说：“是的，用思维决定行为，每一个人都可以有成长型思维。重点是，你相不相信自己思维的力量，愿不愿意用思维的力量去影响自己的行动。”

接着，方老师呈现出一幅海报（见右图），上面写着：“我们的大脑就像是肌肉，越锻炼越发达。”学生一看图片，就明白是什么意思了，纷纷模仿图片做起了动作。方老师带着大家学习了这个句子怎么读，然后问大家：“你觉得你的大脑像是肌肉吗？请用手势告诉我。”同学们一起边说边做出锻炼肌肉的动作。大家一起为这一句话配上了说唱的节奏和舞蹈动作，并决定每一天都一起用这个口号为自己的学习加油。

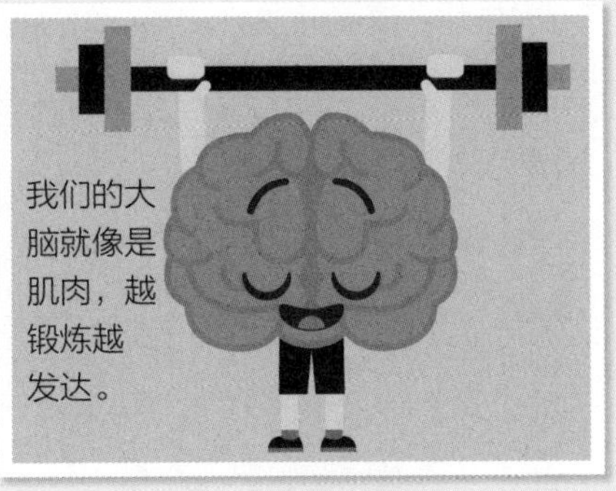

大脑锻炼图

第五步，方老师从之前用到的视频和图片中选出有代表性的元素，在教室里设置了一个成长型思维主题展示区，其中有一个发现角。这是方老师发起的一个“发现成长型思维”的活动。每个人都可以用班级的平板电脑拍下阐述成长型思维的照片，然后请方老师打印出来。有人拍了努力生长的植物，有人拍了认真看书的同学，有人拍了自己解答出一道难题的瞬间……慢慢地，发现角里贴出的成长型思维照片越来越多，贴不下的时候，方老师就把之前的照片取下来，分类放好，她计划在学期末，给每一个学生做一本“成长型思维纪念册”。

第六步，方老师给学生家长们发了一封英文邮件，告诉大家班里将迎来一盆神奇的盆栽，取名为“成长型思维”植物，它喜欢听成长的故事，不管是解决了一个难题，还是面对困难的时候用成长型思维鼓励自己，学生都可以在每天放学前10分钟的“成长庆祝会”时间告诉它，再用喷水壶给它喷喷水，帮助它长大。

第二天，学生们来到教室时，都用期待的眼神寻找班级盆栽在哪里。“成长庆祝会”的时候，学生们都积极地争取和大家分享的机会。第一个分享的是Jessica，她非常激动地说：“以前

成长型思维植物

我的中文很好，但是数学不好。我觉得数学非常非常非常难！后来，我知道我的大脑像是肌肉，越锻炼越聪明，所以我不害怕数学。我不明白的时候，就想办法明白。今天的数学课，我用了多种不同的方法解乘法题。”说完，Jessica在同学们的掌声中小心翼翼地为班级盆栽喷水。第一次的“成长庆祝会”开得非常成功。此后，“成长庆祝会”成为每天放学前的常规活动，大家都踊跃地参加分享，在分享中相互学习，共同进步。

在中文课堂中引入成长型思维一段时间后，方老师欣喜地发现，她和每一个学生的关系都更紧密了，他们更加了解彼此，也更加理解彼此。从前学习被动的学生变得积极主动了，学生的行为问题也慢慢减少了。方老师经常看见学生们主动去照顾班级盆栽，还会和盆栽说悄悄话。以前她的全部日程安排都只和教学相关，方老师还觉得教学进度赶不上，现在虽然每天都开“成长庆祝会”，但是她的教学进度更快，教学效率更高了。最让方老师惊喜的是像“固定”“思维”“方法”等不在三年级中文大纲里的词汇，学生们却都说得特别流利。通过真实情境下的相互交流，学生的中文水平进步不少。

案例分析

方老师以“成长型思维”为桥梁，帮助学生有了实现由被动到主动、进行自我管理转变的可能性。看起来，他们一起做了一些与教学无关的活动，可是带来的结果是孩子们的思维有了导向、情感有了疏导、思维有了导向，他们变得更成熟、更懂事了。方老师采用的方法和步骤对很多教师来说是很好的借鉴，但是不是唯一的途径。首先她的班级是沉浸式，所以她有更长的时间开展“成长型思维”的活动，而很多美国的中文课堂没有这么长的教学时间；其次，方老师学生的中文听、说、读、写已经达到一定的水平，能够实现用中文进行一些简单的“成长型思维”的活动，而在很多非沉浸式的班级，学生的水平有限。教师应该根据自己的课堂和学生的具体情况选择和规划适合的方式。

小贴士

有很多北美学校已经在全面地开展成长型思维的推广，在这样的学校工作的中文教师在自己的课堂中应用成长型思维就更容易，因为学生已经有很好的背景知识。如果你是第一个在你的学校开始应用成长型思维的教师，那么你可以在开始前和你同一教学团队的教师交流、分享这一理念，特别是沉浸式有英文搭档合作教学的教师，如果你的搭档也对这个策略感兴趣，那么你们可以分别在中文班和英文班展开应用。家长的支持也很重要，教师可以给家长写一封信，简单介绍成长型思维，如果家长也能在家中运用成长型思维，对学生的影响会更大。

思考与应用

1. 在网络上有很多关于成长型思维的海报设计，其中一个是“进步阶梯海报”，请说一说这样设计的好处，再想一想你还可以通过什么方式来展现成长型思维的进阶过程。

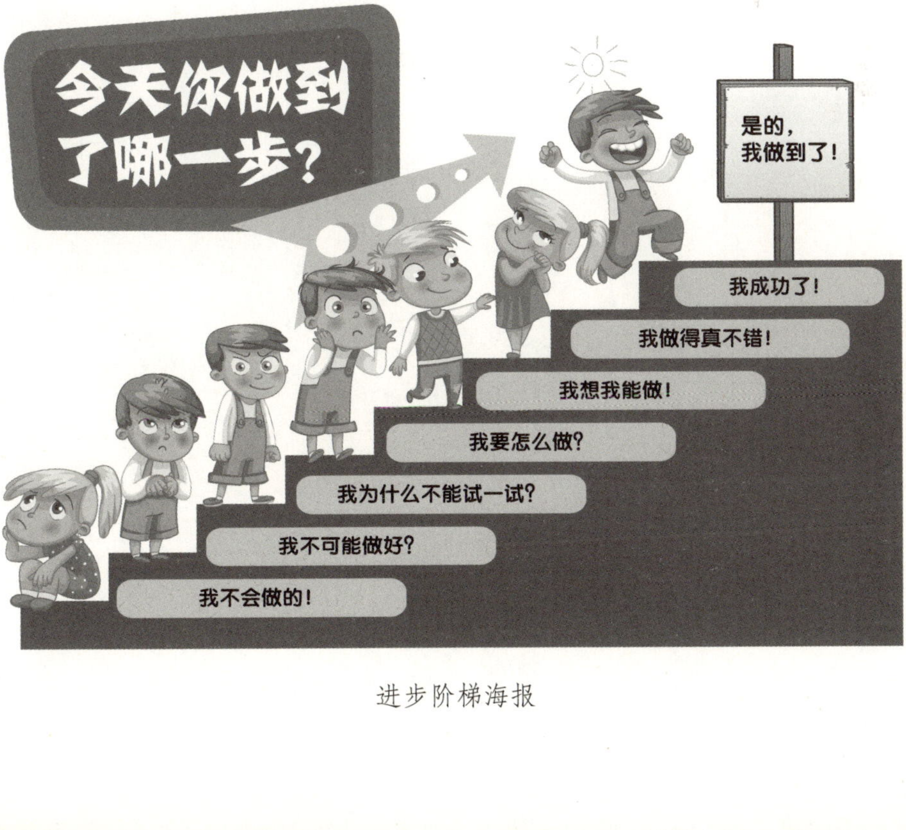

进步阶梯海报

2. 学生经常会在面对学习困难时泄气，觉得自己不可能做到。成长型思维提出“**还**的力量”（The Power of Yet），鼓励学生看到事情发展的可能性。请查找相关资源，解释什么是“**还**的力量”、怎么在中文课堂中使用“**还**的力量”。

参考资料

【1】卡罗尔・德韦克. 终身成长:重新定义成功的思维模式[M]. 南昌：江西人民出版社, 2017.

【2】康德. 赵鹏，何兆武，译. 论教育学[M]. 上海：上海人民出版社, 2005.

【3】Harry K. Wong, Rosemary T. Wong 如何成为高效能教师[M]. 北京：中国青年出版社, 2011.

【编者　罗怡】

第五节　营造安全的教学环境

背景

“教学”是学校的一个核心关键词，还有一个关键词是学校所有事务正常运行的前提，也就是“安全”。校园安全至关重要，如若无法保障，学校的教学就无从谈起。校园安全工作永远被放在学校所有工作的第一位。孩子的安全也是家长最为关心的。特别在某些自然灾害频发、暴力安全事件频发的地区，更是需要重点关注并确保校园安全。

教师在追求高质量的教学、高效的课堂管理的时候，应该时刻把安全放在首位，关注学生的身心安全、学校的财产安全及校园的网络安全。本节将从身心安全、财产安全和网络安全三个角度，结合具体的教学案例探讨如何营造安全的教学环境。

原则、策略与技巧

身心安全

1 学校层面

教师需要认真阅读学校的学生手册、教师手册等资料中与安全相关的规定，并严格按照规定执行。这些条款中应该会有像“不得携带枪支、刀具等武器进入校园”这样的常识类规定，也有可能有像“学生进入教学楼以后，必须把帽子摘掉”（防止帽子里藏枪或武器）这样比较特别的细节类规定，因此教师们要仔细阅读，遇到不确定或不明白的规定一定要及时去问办公室的行政人员或身边的同事。在执行这些规定的时候，教师一旦发现任何安全隐患一定要及时根据要求进行上报。

学校层面关于保障人身安全还有一个重要策略就是安全演习。根据法律规定，学校必须定期举行安全演习。防患于未然能有效确保校园安全。在校园里进行的安全演习通常包括四种类型：

（1）**Shelter-in-place（就地避难）**：为了让学生及教职员工不暴露于危险物质，例如化学污染、生物污染或者是放射性污染中，师生们必须处在学校这个与外界隔离的空间内。

❖ 操作程序

- 校长通过全校广播和邮件通知让学生及教职员工就地避难

- 让所有在教学楼外面的学生、教职员工及来访者立刻进入教学楼
- 关闭门和窗户
- 学生和教师可以在教室里走动
- 学生在教师的监护下可以去洗手间、喝水等（都是教学楼或教室内的设施）
- 确认并上报学生人数

（2）**Lockdown（防暴演习）**：为了让学生及教职员工远离暴力威胁，例如在学校内或是学校附近出现了可疑的闯入者或是武装侵入者。

❖ 操作程序

- 校长通过全校广播、邮件通知及响铃宣布学校进入防范禁闭期
- 让教室外走廊上或者教室附近的洗手间里的学生、教职员工及来访者立刻回到最近的教室里
- 关闭并锁上教室的门
- 拉上窗帘并用东西遮挡教室门上的小窗户
- 带领学生远离门窗并安静地躲在一个相对安全的角落
- 确认并上报学生人数
- 所有人员不可以离开教室，直到校长发出解除防范禁闭期的指令

（3）**Evacuation（疏散/撤离）**：疏散/撤离学生及教职员工，让他们远离危险，例如火灾、载油火车泄漏、海啸等。

❖ 操作程序

- 火警警报响起
- 教师从教室一个固定区域拿上应急文件夹（Emergency Folder），里面通常包含学生名单、标明学校安全集合区域的学校地图、快速示意牌（红色牌表示有学生走失、绿色牌表示所有学生都在）、应急操作文档、笔等物品
- 带领学生快速排成一队安全、有序地离开教学楼（让学生不要去拿私人物品、不要跑、不要喊叫）
- 最后一个离开教室的人员要关灯、关门
- 到指定区域集合并确认学生人数
- 待学校发出演习结束的指令时才可以有序地带着学生回到教室

（4）**Drop, Cover and Hold（蹲下、寻找掩护、抓牢）**：为了保护学生及教职员工不被物体（如地震中的坠落物等）砸伤。

❖ 操作程序

- 校长通过全校广播和邮件通知宣布学校开始地震演习
- 师生保持镇静
- 如果师生在室外就待在室外，如果在室内就待在室内
- 师生马上蹲下，寻找离自己最近的掩护（通常蹲在像桌子一样的硬质物品的下方或角落里），抓牢掩护的物体
- 远离门窗
- 待学校发出解除地震演习通知时才可从掩护物体下出来

以上内容仅供参考，有的学校还有飓风、龙卷风等演习，具体演习要求及程序请教师们严格按照学校规定进行操作。

2 班级层面

（1）班级食品、药品、物品安全

在美国的教室里，教师要特别注意食品安全。一旦出现食品安全问题，有可能会危及学生的生命，安全无小事。

关注食品安全首先要关注学生的食物过敏问题。美国学生食物过敏的现象很普遍，常见的食物过敏情况有：坚果类食品（如花生）、淀粉、面筋类食物过敏。以花生过敏为例，其症状包括血压降低、面部和咽喉肿胀，这些都会阻碍呼吸，从而导致休克。有这类过敏现象的学生不仅不能吃花生，有些比较严重的甚至闻到花生的味道就会出现过敏症状。有严重过敏反应的学生通常会随身携带肾上腺素自动注射器（epinephrine auto-injector），每个学校的办公室或护士办公室通常也备有肾上腺素自动注射器。教师一定要详细了解各类过敏现象的相关信息。通常在开学初，办公室就会把有食物过敏情况的学生名单发给教师，教师要记好并保存好相关信息，这些信息通常也会出现在学生的电子档案中。学校还会进行过敏应急救助的相关培训，在培训时教师们要认真学习应急救助的知识：学生发生食物过敏时有什么症状、出现过敏症状后教师应该如何处理或如何寻求支援，还有一些特殊情况（如进行field trip）时要怎样做好应对学生食物过敏情况的准备等。对于各种细节教师都要做好细致的了解和准备，例如班级内有学生对花生过敏，教师应在教室外面张贴食物注意事项——严禁携带花生类食物进入教室等。教师还应注意，也要给代课教师交代学生食物过敏的相关信息。在与代课教师对接的时候，教师们通常会给代课教师提供学生名单，但同样重要的是也要给代课教师提供一份有食物过敏情况的学生的名单，并附上食物过敏应急救助方案。

第二，给学生分发外带食物也要注意。通常学校会对外带食品进行规定，比较常见的规定是：可以给学生分发带有商业包装的食品，但不允许分发校外自制食物。给学生分发外带食品的情况在美国小学里非常常见，例如班里某一位学生要庆祝生日，这位学生家长可能就会准备大量的外带食品让教师分发给全班的学生，让大家一同为这名学生庆祝生日。再比如美国学校里会举办众多的派对，在派对上通常也会给学生发放大量的外带食品。教师们需要了解学校的相关规定，这样遇到家长进行相关咨询时能够解答到位，也可以确保食物来源的安全。

与食品安全同样重要的是医药安全。有的学生会需要定时用药或者定时做医学检查（如测量血糖），办公室同样会在开学初给教师提供这类学生的相关信息，学生电子档案中通常也会有这些相关信息。教师可能还会和家长、校长、学校护士一起参加为协助某位学生而召开的专门会议，制订相应的协助方案，方案中可能会有这样的措施：该学生的教师要负责定时提醒这位学生到办公室用药或者做相关的医学检查。接到这样的协助方案时，教师一定要秉着认真负责的态度执行自己的任务，确保学生的安全。另外，面对班里一些突发的受伤情况，教师只可以用学校提供给班级的药品（如创可贴），千万不可以使用自己准备的药品。如遇到用创可贴无法处理的受伤情况时，例如有哮喘病（asthma）的学生可能需要使用吸入器（inhaler），教师需要立刻把学生送到办公室或医务室，交由专人处理。

除了注重食品、药品的安全外，教师也要重视班里物品的安全，包括物品的使用安全和摆放安全。使用教学物品的安全包括使用电子教学设备的安全和使用一般教学物品的安全。开学第一天教师就要提醒学生使用电子教学设备的安全事项，例如叮嘱学生千万不要盯着投影仪的光源看，因为投影仪的光线太刺眼了，会伤害眼睛。除此之外，教师也要提醒学生在使用一般教学物品时的安全注意事项，例如教室里专供学生使用的剪刀的使用安全（拿着剪刀走动时应该怎么握住剪刀、不要去剪别人的手），洗手液的使用安全（不要让洗手液进入眼睛、如果对洗手液过敏就不要使用洗手液）等。教室物品的摆放安全指的是教师在摆放教室各种物品的时候，要给学生留有足够的活动空间，避免出现因学生活动空间不够而撞上教室物品，同时也要避免教室物品坠落砸伤学生。

（2）学生与学生之间的安全问题

学生与学生之间发生肢体冲突时容易出现人身安全问题。通常学校关于欺凌（bully）的规定中会有对于此类行为的明确规定，教师要严格按照规定执行。一旦学生之间发生肢体冲突事件，教师要清楚地知道如何处置涉事双方，包括把他们送到哪里、是否要做事件记录、是否要通知家长或进行上报等。在教室里，教师要经常提醒学生避免与别的学生发生肢体接触，特别是用学生能明白的话去提醒他们“不要去碰别人”，因为很多时候肢体冲突是从肢体接触升级、演变而来的。遇到学生之间发生肢体冲突时，教师应该第一时间口头制止并通知校方有关人员，但要注意避免碰触任何一方，同时还要注意保护其他学生和自己的安全。千万不要看到学生打架就去动手拉架，有教师就因此被学生投诉而遭到校方开除。另外，在美国，校园枪支问题已经成为威胁校园人身安全的重大问题，因此如果教师在教室里发现枪支弹药或是注意到涉及枪支问题的蛛丝马迹（学生说/写/画出“用枪杀……”），应该马上上报校方。

学生与学生之间还有一类比较不易察觉到的心理安全问题。通常学校关于欺凌（bully）的规定中也会有对于这一类行为的明确规定，教师也要严格按照规定执行。由于这类事件常常在学生之间私下交流沟通的过程中发生，对学生造成的常常是内在的伤害，因此需要教师留心观察学生是否表现异常，认真倾听学生的相关倾诉，细心处理此类事件。学生与学生之间产生的心理安全问题通常体现在言语冲突上或行为表现上，例如语言上辱骂、嘲讽、刺激同学，行为上侮辱、孤立、讽刺、性骚扰同学等。这类心理安全问题，通常不易被察觉但是往往会对学生的心理造成重大伤害，当伤害累积到一定阶段又有可能会演变成人身安全问题，引起肢体上的冲突。因此，教师应该在教学之外仔细观察学生的行为表现，积极鼓励学生把问题及时说出来，认真倾听学生的心声。班会通常是解决这类问题或是消除这类隐患的重要渠道。学生可以提前在班会议程上写下自己遇到的问题或困扰，然后教师召开班会共同来解决问题或消除困扰。

（3）学生与教师之间的安全问题

学生与教师之间同样可能会出现人身安全问题，例如教师体罚学生、教师拉扯学生或学生拉扯教师、教师打学生或学生打教师、教学过程中出现人身安全问题等。一旦发生由教师引起的师生之间的人身安全问题，教师轻则会遭到家长投诉，受到学校警告，重则被辞退，吊销教师资格证，甚至受到法律的惩罚。如果发生的是由学生引起的师生之间的人身安全问题，学校将按照学校相关规定对学生进行处置。

学生与教师之间的人身安全问题通常有以下几类：

① 肢体接触：平时教师要特别注意避免与学生进行肢体接触，包括教学时的肢体接触，例如功夫教学时手把手的动作纠正或用手去扶学生的胳膊等，下意识地拍学生肩膀、头表示鼓励或喜爱等，这些行为也许会被别人误解成教师打学生。

② 体罚学生：还有一类比较容易被误会的行为是教师根据班级规则让学生就自己不

恰当的行为执行后果，设置的后果如果涉及体罚，例如靠墙半蹲、扎马步、单脚站立、做俯卧撑、长时间抄写汉字等，也可能会变成人身安全问题。因此教师在进行后果设置的时候，应该避免出现体罚倾向。

③ 肢体冲突：师生之间的肢体冲突通常是从言语对立激化、演变而来的，因此当师生之间出现对立时，教师应该先深呼吸，让自己冷静下来，尽量避免与学生发生正面冲突，争取在课上或课下通过言语沟通来化解冲突。

④ 教学过程的安全：教学过程中也可能出现人身安全问题，教师们要谨慎对待，要对教学活动的安全进行严格的把控，确保教学实验、教学用具的安全。有的教师通过抛材质较硬的球来进行提问，可能会出现砸伤学生的情况。有的教师在狭窄的教室里玩需要学生到处奔跑的游戏，可能会出现学生撞伤的情况。有的学生可能会在上课过程中偷偷溜出教室，甚至跑到校外去，这存在着重大安全隐患，因此教师在上课的时候一定要确保所有的学生都在场，学生在得到教师允许后才可以离开教室。对于离开教室的学生，教师也要做到心里有数，包括学生什么时候离开、离开了多长时间、学生离开时间太长教师该怎么处理等。有的教室还会备有Emergency Food Box，教师可以根据需要给学生食用，以免学生因为低血糖而出现安全问题。学校会就师生之间的安全问题做出一些规定，例如不允许教师用私家车载学生，不允许教师单独邀请学生到家里做客等，教师要认真查阅。在此提醒教师不要跟学生有任何私交，不要私信给学生，不要用私人电话给学生打电话，不要在校外和学生进行任何的私下接触。

⑤ 疾病传播：如果教师察觉自己得了重感冒等具有传染性的疾病时，一定要请病假，不要坚持在教室里上课，以免传染给学生。

另外，师生之间也可能出现心理安全问题。教师可能会在不经意间伤害学生幼小的心灵（比如教师用言语批评、讽刺、嘲笑某一位学生）。因此教师在课堂上要时刻注意自己的语言，避免使用批判性/讽刺性/嘲笑性的语言，更不能用辱骂性的语言例如“你真笨”“闭嘴”“滚出去”等。学生的心理安全出现问题通常会引发学生的行为表现问题，如果学生心理感觉不到安全，可能会出现一些偏激的行为。此外，还有一类是由性骚扰产生的心理安全问题，教师和学生之间不仅要避免肢体接触，而且要避免独处一室或共用卫生间。平时如果有特殊情况需要教师与某一名学生单独留在教室里面的时候，教师应该把教室门打开，让外人可以看到教室里面发生的事情。学校也会就师生之间的心理安全问题做出相关规定，例如不允许教师与学生在社交媒体上互动，要求教师必须用学校的电子邮箱给学生和家长发邮件等，教师也要认真查阅。

财产安全

1 学校层面

（1）学校的门禁系统

学校的门禁系统是确保师生安全、保障校园财产安全的一项重要措施。教师出入学校的时候要确保校门时刻保持关闭状态，看到校门处于开启状态时，也要有意识地去把门关上，避免陌生人趁机进入校园。放学离开教室时，教师要锁上教室门，以此来确保教室财产的安全。教师在教室里要有安全意识，建议教师不要把贵重物品随意放在教室，教师在教室丢失钱包、手机等贵重物品的情况也时有发生；如果放在教室则一定要上锁。有些学校放学后还会定时开启警报系统，如果教师在学校开启警报系统之后离开学校的话，警报系统会被触发，警察会随之而来。如果出现多次因人为失误而触发警报的情况，警察会对学校进行罚款。

（2）学校物品的使用

教师在使用学校物品的时候要注意保护学校的财产安全。例如过塑机在学校里是被频繁使用的，而过塑机需要达到一定的温度时才可以工作，如果在使用完过塑机并确认没有别的教师需要继续使用时，教师一定要记得关闭过塑机，否则有可能因过塑机过热而引发学校火灾。除此之外，学校还会提供一些电器设备（如电炉、电磁炉、电热水壶、微波炉、烤箱等）供教师使用，教师一定要根据指示进行安全操作，并按要求及时关闭火源或电源。

2 班级层面

（1）教室用电安全

现在的教室里电子设备的使用非常常见，但也增加了用电的安全隐患，因此教师要特别注意教室里的用电安全。放学后，教师要注意按要求关闭电源。遇到长假期时，教师更是需要反复确认关闭电源，必要时拔下电源插头。例如教室里面的电子设备车接通电源时是24小时连接电源进行充电的，遇到长假时，为了避免因过度充电而引发爆炸或火灾，教师最好关闭电子设备车的电源并拔掉电源插头。

（2）教室内使用电器的安全

有的教师可能还会在教室里面使用私人的电器设备如电热水壶、微波炉等，建议教师在使用个人电器设备之前一定要征得学校同意。使用时教师也要时刻注意安全，例如防止电热水壶烫伤学生、防止电热水壶干烧、防止学生随意玩弄微波炉、防止微波炉的辐射伤害他人等。

网络安全

1 学校层面

（1）学校资料的安全

很多教师常常会把学生、家长的相关资料保存在自己的电子设备（如电脑）中，其中可能会涉及一些比较隐私的资料，例如学生的家庭信息、医学信息等，教师在使用和储存这些信息的时候一定要注意保护这些信息的安全，绝不要在网络上分享这些私密信息，也不要随意把这些信息复制保存到一些个人设备终端（如个人U盘、个人硬盘）中，以免丢失。

（2）教学资料的安全

教学资料中也会涉及大量具有隐私性的资料，例如学生的成绩资料、学生的影像资料、带保密性质的试题资料等，教师有责任保护这些资料的安全。考试题目一定要锁起来，一般期中、期末等大考的考卷要安全保存两年，这样学生对考试分数提出质疑时能够有据可查。如需使用某些资料，教师一定要在学校规定的范围内使用。如果教师需要公开使用某些学生的影像资料，一定要提前确认所涉及的学生的家长签了学校/学区的学生影像资料公开使用许可。如果没有确认到位的话，教师公开发布学生的照片（如在微信朋友圈里发布学生的照片）可能就会侵犯学生的隐私权和肖像权。

2 班级层面

（1）学生在教室里使用网络的安全

随着教室内电子设备的普及，学生们使用电子设备的机会越来越多，接触网络的机会也越来越多。因此教师要确保学生在教室里使用网络的安全。通常学校会对学生使用电子设备时接触的网络信息进行一定的过滤，但是学校网络也可能会有管控不到的网络信息，特别是在学生搜索国外网站的时候，可能会出现网络信息安全隐患。教师在带领学生使用网络时，一定要提前对学生即将接触的网络信息进行细致了解，确保网站和APP的安全，确保所涉及的网络信息符合学生的年龄要求。同时，在学生使用电子设备时，教师要对学生的使用进行监管，防止学生私自搜索不恰当的网络信息或登录不恰当的网站、使用不恰当的APP等。教师也要反复提醒学生不要在网络上公开或透露自己或家庭的隐私信息，如出生日期、家庭地址、手机号码等。

（2）教师在教室里使用多媒体资料的安全

如今在课堂上，教师越来越广泛地使用多媒体进行辅助教学。教师要确保自己使用的多媒体资料符合学校规定、适合学生年龄。比较容易出现安全隐患的是影像资料。使用影像资料通常需要注意以下几点：

- 教师根据自己学生的情况选取的影片资料要符合美国电影分级制度[1]的相关规定
- 影像资料中不可以出现枪、刀、烟、酒
- 影像资料中不可以有少儿不宜的裸露画面
- 在线播放影片时，还要特别注意在线广告、弹窗中信息的安全
- 影像资料的内容不要涉及政治和宗教

如果教师在备课过程中对某些多媒体资料的安全性不太确定，一定要去咨询校长或负责教学的相关人员来确保资料的安全性。

案例分析

案例一

这是Apple Middle School的方老师在美国任教的第二年。在一次全校教职工大会上，学校发布了枪击演习的通知，需要教师到时候听指令迅速地按照路线把学生带到指定的安全地带。到了演习那天，广播里发出了演习指令，方老师没有注意到演习指令，继续上着自己的课。后来扮演枪手的人推开教室门，开始射击，方老师还没反应过来，被吓坏了。之后，方老师带着学生排队走出教学楼，大家都看着他们，还有人开玩笑说：“他们其实都已经‘阵亡’了。”方老师觉得自己和学生成了别人眼里的笑话，这件事情对方老师的打击非常大。

案例分析

安全演习对于教师和学生来说都非常重要。在真实情况中，任何一个小失误都可能会造成重大伤害，因此教师和学生要认真对待学校组织的每一次演习。学校通常会定期进行各种不同的安全演习，大多数情况下学校会提前通过邮件、电子日程信息、教师会议来告知教师演习的具体时间，教师一定要记住那个时间或者是设定

1 美国电影一般都有分级，G级（general audience: all ages admitted）是大众级，适合所有年龄段的人观看——该级别的电影内容一般可以被父母接受，对话也是日常生活中可以经常接触到的。很多中文电影没有类似的分级，所以教师在播放任何电影之前，一定要自己先仔细看一遍，确保里面所有的内容都是适合自己学生观看的。

一个提醒。有时学校开展的是没有预先告知的临时性安全演习，检测大家对演习的掌握情况，这时候教师就要注意相关的广播信息、邮件信息、响铃信息等，以免错过演习。学校通常还会把各类安全演习的详细操作指示发给教师，教师拿到相关信息后，一定要认真查阅各种细节，例如有的演习需要教师用东西把窗户遮住，有的演习可以让学生走出教室，有的演习却不可以让学生走出教室，有的演习可以让学生在教室里走动，有的演习却要学生待在教室的某个区域保持安静，有的演习需要教师用邮件或是其他方式来报告学生的安全等。教师要把握好每一次演习的机会，争取演习的每一步都能做好、做到位。

做好一次安全演习包括三个方面的工作：

- **演习前的准备**

教师在进行安全演习前要提前做好准备。既包括教师方面的准备，如准备遮住窗户的纸、提前确认好当天的学生人数等；也包括学生方面的准备，如提前告诉学生演习的目的，帮助学生做好心理建设，让学生们不要慌张或是因为过于害怕想要离开学校等。

- **演习时的操作**

为了达到演习的目标，教师需要注意各种细节，包括清晰地发出指令、控制好自己和学生的情绪、按照演习的要求一步一步操作等。

- **演习后的总结和反思**

教师在进行安全演习后，可以根据演习的情况跟学生一起总结、反思一下做得好的地方以及还需要改进的地方。

案例二

2018年2月初，一个普通的教学工作日，Apple High School的张老师正在上九年级的第一节课。这个班一共有32名学生。这个学校所在的学区处于贫困地区，而且这是一所刚建成的新学校。张老师在上课期间，有学生举手报告教室内发现了子弹。张老师首先保持镇静，走近观察确认了是子弹实物。然后，张老师发出口令，让全部学生坐在座位上，不许走动、不许交头接耳，并把双手举在空中，要求所有学生保持不动，脸时刻朝向教师，只看教师，只听教师。同时，张老师迅速让通知双向到位：让课代表用教室电话通知警卫，同时让班长去前台找校长当面报备。在此期间，张老师守护现场，并简短地和学生交流："See something? Say something." "Quiet and only follow the teacher." 校长及外援到位后，把学生分批次转移到其他房间，让学生保持肃静并写出"个人见证经过"文书，书写期间确保学生不交头接耳、不串供。之后，所有学生的"个人见证经过"文书交由校方审阅分析，核查起因和经过。最后，学校查出本起事件是因一男生想要炫耀家中储备的子弹而引起，事件中只有子弹没有枪支，整个事件有惊无险。该男生因此事件被学校开除。

案例分析

该案例中张老师沉着冷静的心态、迅速的行动反应、认真负责的工作态度都是值得教师们好好学习的。面对此类突发状况，教师首先要让自己保持镇静，一切以安全为重，争取在最短时间内找到高效的解决方案，为保证生命安全争分夺秒。平时教师需要特别留心学生带到学校来的物品以及学生们跟同伴进行的言语交流，若发现重大安全隐患（如学生带枪支弹药、刀具武器来学校，或是散布的思想、言论含有危害他人生命安全的内容），教师要及时上报或直接报警。

案例三

像往常一样，王老师来到一个四年级的班里上中文课，上课时班主任不在教室里。王老师在上课过程中，有两名学生在教室后面互相推搡、拉扯。王老师用语言制止了一下，两名学生停了下来回到了座位，王老师便继续自己的中文教学。课后王老师觉得小孩之间拉拉扯扯很正常，因此就没有告诉班主任，没有告诉家长，也没有进行上报。其中一名学生回到家后跟家长说了在学校发生的这件事情，那名学生的家长投诉了王老师，说王老师没有及时通知家长。校长知道后，询问王老师为什么遇到打架这么严重的事情没有上报。校长为此事很严肃地批评了王老师。

案例分析

打架在美国的学校里是非常严重的事情。如果学生发生打架事件，无论是否有人因此受伤，教师都一定要上报。在这个案例里，两名学生在教室后面互相推搡、拉扯，已经是发生肢体冲突，成为打架事件。王老师应该马上告诉班主任，请班主任处理这件事情；如果班主任不在，王老师可以直接上报校长。

案例四

10月的第一周，Apple Middle School的杨老师在上第六节课。杨老师带领学生在教室后面的空地上进行“敲门！敲门！你家有几个人？”的活动。学生Tom一直在大声讲话，讲话内容与教学内容并没有关系。杨老师多次试图用语言制止，但是并不起作用。之后，Tom用手去抓一个男生的头发，杨老师再次用语言试图制止，但还是不起作用。之后，Tom又用手去掐另一名男生的脖子。这时，杨老师过去把两个男生分开，下意识地把手放到Tom脖子下方，试图制止他去伤害别人。杨老师告诉他不可以再这样做了，并让他去找校长陈述教室里的事实。结果Tom去找校长时说：“Yang Laoshi choked me.”

案例分析

刚开始杨老师试图用语言来制止学生的不当行为，这是必要的。但在事情发展到比较严重的时候，Tom的行为威胁到了另一名学生的人身安全，杨老师下意识地把手放到Tom脖子下方的做法是不可取的。处理类似的学生打架事件，教师一定要记牢这两个原则：一是不管在任何时候，不论现场情况有多么危急，教师都绝对不能上手制止，而只能用语言来制止。遇到危急情况，教师要尽量疏散其他学生，保证其他学生的安全以及自身的安全。二是按照学校要求进行上报，报告办公室或直接报告校长，由有权限的专门人员（校长、特殊教育教师、保安等）来制止、处理。教师心里一定要有处理此类事情的预案，包括紧急情况怎么上报、如果要打电话要打给谁、根据教室的情况如何做到快速疏散学生等。

这个过程中有一个细节需要我们思考。最开始Tom一直大声讲话，杨老师多次试图用语言制止，但并不起作用，正是因为前面的问题得不到解决才使得事件逐渐升级为后来的肢体冲突。教师在进行课堂管理的时候，通常语言警告（提醒）是第一步，而后应该要有逐渐升级的行为管控机制，例如根据学生的行为表现让学生接受不同级别的后果，从而让学生的不恰当行为及时得到约束，而不是持续升级。假设杨老师因为Tom多次大声讲话的问题给予Tom相应的后果，Tom在执行后果过程中意识到自己的错误而调整了自己的行为，可能就没有之后的肢体冲突了。

小贴士

课堂管理系统的建立与营造安全的教学环境之间是相互影响的关系。

一方面，良好的课堂管理有利于营造安全的教学环境。狭义的课堂管理包括班级规则（rules）和班级程序（procedures），严密、有效的班级规则及班级程序为营造安全的教学环境提供制度基础。广义的课堂管理除了班级规则、班级程序外还包括教师语言、师生关系、教室设置、创建班级文化等。严格执行课堂管理，温和并坚定地发出语言指令，与学生融洽相处，关心学生，鼓励学生从错误中学习，培养学生的成长型思维，营造班级感恩文化等，这些都为营造安全的教学环境提供了“软件”基础。教室设置中安全有序的物品设置为营造安全的教学环境提供了“硬件”基础。

另一方面，安全的教学环境有利于课堂管理的顺畅实施。安全的教学环境是课堂管理顺畅实施的前提。安全的教学环境还会让学生心理上感到安全，有利于学生全身心地投入学习中，积极地参与课堂管理。

思考与应用

李老师在上课的时候，有一个学生说自己的手受伤了需要去医务室。李老师觉得这个学生是想要趁机离开中文课堂，于是就没有同意这个学生去医务室。之后，那名学生又多次表示要去医务室，李老师觉得这个学生三番五次地要求，更有逃课的嫌疑，因此一直都没有让这名学生去医务室。后来，这名学生的家长投诉了李老师。你会怎么评价李老师的做法？

【编者　游寅耀】

思考与应用参考答案

第一章 课堂管理概述

第一节 不同类型的中文课堂

01 中文作为外语的课堂

第一，教师应当考虑学生的实际情况，如他们的中文水平如何、处于哪个年龄阶段等。中文基础好的学生，应当开展更多动脑的活动，如猜谜语、数独、对比异同点等活动。

第二，活动的设计要紧扣学习的内容，不要为了热闹、好玩而做游戏。比如，学习数字的时候可以玩数“3”游戏；学习时间的时候可以进行“一二三，木头人”（教师背对着学生，学生用中文询问“老师老师，几点了”，教师说出一个时间，然后回头，学生需要用双手手指表示相应时间，并站住不动；时间表示错误或者移动者出局）的活动。

第三，活动时间要适宜。建议在完成“静态”知识学习以后，再开展“动态”的游戏活动，从而帮助学生再次兴奋起来。

第四，从学生是否积极参与、是否说中文、是否在活动中获胜、是否在活动中掌握了学习内容等角度对活动进行评价。

02 沉浸式中文课堂

从语言上来看，沉浸式中文教室的课堂管理采用全中文来组织、实施、呈现；非沉浸式的课堂管理可以根据具体情况适当地用英文来进行辅助课堂管理。从时间上来看，沉浸式课堂管理时间跨度较长，从迎接学生时开始，一直持续到送学生离开时结束，可能涵盖各种不同的教学内容（如中文教学、数学教学、社会学教学、科学教学、中国文化教学等），中间包含许多课堂管理的细节；非沉浸式的课堂管理比较集中，主要集中在学生在中文教室里学习中文这个时段。

03 流动课堂

教师在设计课堂活动时要有目的性，不要为了玩游戏而玩游戏，放纵学生。活动要有教学目标（can-do statements），要起到对所学知识的复习、巩固和应用作用。而且每个活动时间不宜过长（一般不超过十分钟），活动最好安排在课中，下课前五至七分钟应该是对当天所学课程和课堂表现的总结和检验的时间，比如做exit card等。这样学生在结束中文课时就不会因为太兴奋而影响下节课了。

第二节 特定教学环境中的课堂管理与学习者特点

01 学前班和小学的课堂管理与学习者特点

这个年龄段的孩子会试探规则的底线，会观察教师是不是能够严格执行制度、对所有学生一视同仁。杨老师没有对Jack做任何处理，其他同学就会觉得杨老师对个别学生偏心、不公平。Jack也会觉得只要自己学习好就可以不遵守规章制度，最终会造成制度难以贯彻下去、课堂管理无效。在这种情况下，杨老师会失去越来越多学生的信任。一旦学生认为哪位教师“不公平”，那位教师以后就会很难赢得学生的尊敬。

02 初中和高中的课堂管理与学习者特点

张老师虽然制订了详细的课堂规则，但是没有在课堂上强化这些规则，也没有征求学生的反馈。很多学生虽然签了名，但是未必认真阅读了，对课堂规则的条款也可能并不认同。开学的第一周和第二周，张老师可以以“课堂规则和程序”为主题，和学生共同制订课堂规则，或者根据学生的意见来共同修订张老师的最初版本。张老师可以通过各种活动，模拟以后课堂会出现的情景，加深学生对课堂规章制度的印象。在以后的一整学年，要始终如一地贯彻这些规则。

03 特殊教育学生的特点与课堂管理（1）

1. 第一，黄老师需要和学生顾问具体了解该天才学生的情况，比如该生在多元智能理论下，除了记忆力，还有哪些智能比较优秀。

第二，黄老师需要从课程标准上对天才儿童进行差异化教学，进行以下调整：（1）学习不一样的内容（广度和深度都可拓展）。例如，在学习家庭称谓的时候，教学大纲要求掌握10个词语，天才学生则可以学习更广泛的知识，如更复杂的中国亲属称谓；在学习食物话题的时候，教学大纲要求学生学习基本食物、味道以及表达喜好等基本知识，天才学生可以学习如何做宫保鸡丁、如何做麻婆豆腐等。（2）完成不一样的作业。例如，在学习社区话题的时候，教学大纲要求学生完成对社区的介绍，而天才学生可以对社区规划合理性进行思考、比较中美社区文化的不同，甚至用视频或者演示文稿等方式呈现出来。（3）采用不一样的打分标准。大纲要求从听、说、读、写四个语言技能单独去考查学生，针对天才学生则可以加入演示或者综合以上四个技能同时考查学生。（4）可以让天才儿童当小老师，指导普通学生学习。

第三，黄老师对待天才学生也要公平、公正，不能优待天才学生，而让大部分学生感觉不公平。对天才学生提出的质疑或问题要有耐心，理解他们并不是在挑战教师的权威，而是他们的知识或能力超于常人，好奇心会驱使他们多思考、多提问。

2. 第一，零拒绝原则。王老师应该积极接纳每一个学生，给予每个人公平的学习机会，做到一视同仁，让每一个孩子都跟上学习进度。

第二，鉴定与评估原则。王老师在开课前一周就应该提前了解班级学生组成情况，特别关注特殊教育学生的学习情况。采取个性化教学、做好应急预案准备。

第三，最少受限制环境原则。王老师要给予ADHD学生多一些活动的机会，如让其完成帮忙收发作业本等“帮助教师”的小任务。

第四，王老师在每次异常小情况发生的时候或之后，都要及时告知家长和学校，严格遵守家长参与原则和正当程序保护原则。

第五，王老师可以适当采取教学辅助技术，如手绘板等，帮助需要的学生。

第六，王老师可以培训优秀的学生作为班级的组长和学习小帮手，积极给需要辅导的学生做辅助。

04 特殊教育学生的特点与课堂管理（2）

这是某学生的504 Plan。根据文件内容，王老师应该为学生提供的服务有：① 为学生提供优选座位。由于学生患有ADHD，学生的座位最好远离班级其他活泼好动的学生，并且坐在教师容易监测到地方，远离门窗。② 如果学生不理解教学内容，要向学生重新教授不理解的内容。③ 学生出现情绪问题时，可以让学生在教室的某个指定区域平复情绪。教师可以准备压力球、涂色纸等减压玩具，帮助学生平复情绪。④ 提醒学生集中注意力。⑤ 考试时学生需小组考试，可以和学校行政人员联系，给学生提供单独的或者考生人数少的考场。

05 低收入少数族裔家庭学生的特点与课堂管理

由于这是一件引起了全班注意的事件，而且这是非常严肃的涉及种族歧视的问题，教师的立场、态度以及处理这一问题的方式，对于这个班如何看待教师、如何看待这一敏感话题以及教师的课堂管理能力都是至关重要的。

首先教师要表情严肃，等学生都不笑了，班级安静之后，教师可以先摆明立场，对学生说这是一句很冒犯的话，自己不能接受这样的话，他需要承担后果。由于受到不良影响，有些学生的价值观真的不正确，言行也很粗鲁。如果学生试图和教师争论，教师要及时制止，掌握话语权。

课后教师与学生谈话，了解情况，帮助他树立正确的价值观。根据学生的具体情况，可以跟课程顾问和家长联系，要求他查阅资料，写一篇关于如何正确看待种族问题的调研反思，并和全班分享。

学生对教师说出了很冒犯的、有关种族歧视的话，说明这名学生不仅对教师，对中国人、对不同种族的观点都有待纠正，并且对班级的其他学生也产生了不良影响。作为教师，需要帮助他树立正确的种族观、价值观、世界观，同时对于其他学生也是一个很好的学习机会，帮助他们正确看待这一问题。

所以首先要表明教师的态度，但不要伤害到这名学生，这更有利于之后让他做相关调查并分享给班级其他同学，让他对此事抱有积极的态度，而不是相互对立，令他产生逆反心理。

第三节 几种主要的课堂管理理论学派

一个优秀的课堂管理者要具备处理突发事件的能力，能够因势利导，保持课堂的流畅性。当类似的突发事件发生时，如果让学校行政人员将两位学生带离教室，则剥夺了两位学生本节课的学习机会，也会影响到班级正常的教学活动。杨老师可以运用行为方法派的思考时间策略，让两个学生坐在离自己学习小组不远处的座位上，平复自己的情绪，反思自己在该事件中行为是否恰当。杨老师可以跟学生解释，这并不是惩罚，而是帮助学生控制情绪，准备回归正常学习活动。杨老师可以给学生一张清单，让学生用简单的句子说出事情的经过和自己的反思。当学生情绪平复，准备好加入正常的小组学习活动中时，学生则可以回到原本的座位上，参与正常的课堂学习活动。

第二章 课堂管理策略

第一节 制订课堂规则与程序

01 制订小学课堂规则与程序

遇到这种情况，教师可以先采用提醒和暗示的方式进行处理，可以盯着John看几秒钟，让他意识到自己的行为。如果不行，再找机会靠近他，轻敲桌子暗示，或者小声地提醒他。如果他还是没有停止这种行为，教师直接按照课堂规则给予后果处理。

这种情况在学生排队的时候是非常常见的。首先，教师在让学生排队前，为了避免该情况的发生，应该有明确的课堂程序，比如：请第一组的同学起立，把椅子放好，走到教室门口，按秩序排队；第二组的同学起立，把椅子放好，走到门口排队……这样分组有序地进行排队。其次，遇到学生你推我挤地争抢靠前的位置的时候，教师应要求争抢的学生全部回到自己的座位坐好，得到教师的指示后，再重新走回队伍中。这时候教师一般会按顺序把他们安排在队伍的后面，提醒学生你推我挤地争抢位置应该承担的后果。

02 制订中学课堂规则与程序

课堂规则告诉学生在教室里可以做什么、不可以做什么。课堂程序向学生解释事情如何完成，教导他们如何行事和学习。课堂规则规范学生的行为，程序告诉学生如何把事情做好。课堂规则不必太多太细，课堂程序要全面、要具体。很多教师课堂上学生出现行为问题都是因为缺乏有效的课堂程序，学生不清楚教师的期望、不知道如何去做而出现的。教师要用程序管理课堂，不要用规则管理课堂。

03 制订沉浸式课堂规则与程序

学生的这类行为在一个班级内是非常常见的。有时候，学生自己都没有意识到自己正在发出这些声音。因此适当的提醒是正确的。但是一旦一种行为反复出现并影响到教师的教学和其他学生的学习，就应该把这种行为当成一种行为问题来解决，而不是寄希望于反复提醒，要根据班级规则进行课堂行为的管理。这个情境中，当Adam第一次发出奇怪的声音并影响到教师的教学和其他学生学习的时候，教师可以先提醒他。

教师要注意，自己的课堂指令应该简洁、清晰，比如：“××（学生的名字），请你不要发出奇怪的声音。这样的声音干扰了老师上课，干扰了其他同学学习。”说完这两句话后，教师不必等着看这名学生是不是不再发出奇怪的声音，而是要继续正常上课，这时教师可以表扬几个非常认真的学生，营造一种正面、积极的氛围，但心里要默数十秒，十秒后看看刚才那名学生是否停止发出奇怪的声音了。如果这名学生做到了，教师要及时给予肯定：“谢谢××（学生的名字）没有再发出奇怪的声音！谢谢你听从老师的指令！”如果这名学生没有做到，教师要继续给予反馈：“××（学生），你要停止发出奇怪的声音。”这个时候，就不是再用“请”字句式，而是直接用“要”字句式。根据班级规则，当教师使用“要”这个字眼的时候，代表教师给予学生第二次提醒，而且是最后一次提醒。同样地，这个时候教师继续自己的教学，中间可以穿插着表扬几个非常认真的学生，树立正面范例，心里再次默数十秒。十秒后，再看看刚才那名学生是否已停止发出奇怪的声音。如果这名学生做到了，教师也是要及时给予肯定：“谢谢××（学生的名字）没有发出奇怪的声音了！谢谢你听从老师的指令！”如果这名学生没有做到，教师要马上给予后果反馈：“××（学生的名字），你违反了上课要认真这条课堂规则，你的自由活动时间将被减去32秒。”通常情况下，学生在收到教师给予的第一个后果反馈之后，就会停止。如果实在是学生处在不可控的情况下，教师也应该按着指令流程以及梯度后果体系，一步一步地去引导学生停止自己的不恰当行为。

第二节 预防性课堂管理策略

和家长保持良好的沟通和交流，可以增进家长对班级的了解，获得家长对班级的支持，形成良好的家校合作。更重要的是，当问题发生时，家校的合作已经建立在相互理解的基础上，避免了家长对班级情况的质疑，甚至是对教师的问责。

第三节 学生行为管理与培养学生自我管理

教师这样的说法有失偏颇，属于“欠缺性思维”（deficit thinking），忽视了教学的影响力和学生的可塑性。教师应该以“成长型思维”来看待学生的思维和行为，面对学生的问题时，不要带着“固定型思维”的消极和躲避，而应该积极面对，相信自己的影响力和学生的成长力。学生的思维和行为处在发展的过程中，会受到外界的影响而改变，而家庭和学校构成了学生主要的成长环境。如果家庭带给学生一些不良影响，学校和教师也不负起帮助学生的责任，那么学生就很难摆脱不良影响。如果学校和教师为学生提供正面引导和影响，就有更大可能帮助学生摆脱不良影响。教师在帮助学生的基础上，还可以和学生的家长保持长期有效的沟通，将学生的成长和改变分享给家长，让家长也受到正面的影响，尝试从根本上解决问题。

第四节 培养学生的成长型思维

1. 要体现从消极被动到积极主动的逐步进阶，所以“阶梯”是一个很好的设计点，能将进阶过程比较形象地展示出来。当然，还有很多其他的海报设计概念教师可以采取，只要能够紧扣我们要阐释的主题——思维的进阶，比如火箭发射、表情变化、棋盘游戏、爬山等，都可以用在这个海报设计中。

成长火箭的海报概念图

2. “**还**的力量”是建立在成长型思维上的一个重点策略——告诉人们虽然现在你没有做到，但是你有做到的可能性。人的思维是奇妙的，“还的力量”让人有积极的思维，更加正能量地面对事情的可能性。“还”（yet）意味着正在进行中，虽然还没有实现，但是将会有实现的可能。相信“还的力量”的人，成长型思维更容易占主导。

还的力量海报

在中文课堂中，教师可以展示一张“**还**的力量”海报，当学生们感叹“中文这么难，我学不会”的时候，教师可以通过海报告诉他们：“中文这么难，你**还**没有学会。我们一起想一想有哪些好的方法可以帮助我们学得更好。”

还的力量海报

第五节　营造安全的教学环境

李老师的做法是不恰当的。那名学生说自己的手受伤了，作为教师应该第一时间关心学生的受伤情况。教师在询问、关心之后，学生表示自己要去医务室的话，教师要马上让学生去医务室，以免耽误学生治疗。如果有必要的话，教师应该派一名非常有责任心的同学陪那位受伤的学生去学校医务室。

至于该学生是否有撒谎、逃课嫌疑，教师可以根据学生从医务室回来时的表现判断，也可以去医务室询问学生的受伤情况。一旦发现学生是用谎报受伤来逃课，教师一定要根据班级规则来严格处理此类行为，情节严重者教师要上报学校并通知家长。

家长送学生去学校首要关心的是学生的安全，如果家长觉得教师无法保证自己孩子的安全，投诉教师也是情理之中的事。因此，教师在处理教学事务过程中一定要以安全为首要考虑因素，时刻谨记安全第一。

双语词汇表 Bilingual Glossary

英文	中文	备注
accommodation	教学调整	
acquiring information and diverse perspectives	获取信息和不同的观点	
ACTFL (American Council on the Teaching of Foreign Languages)	美国外语教学协会	
actively participate	积极参与	
ADD (attention deficit disorder)	注意力缺陷症	
ADHD (attention deficit hyperactivity disorder)	多动症	这类学生爱动，情绪容易暴躁，无法集中注意力，容易和别人发生争吵，有时还会动手打架。
apron	围裙	
ASD (autism spectrum disorder)	自闭症谱系障碍	
assertive discipline	果断训导	教师要积极主动地监测学生行为，明确给出课堂指令，坚定地要求学生做出符合课堂标准的行为。
assignment modifications	作业更改	
asthma	哮喘病	
attention getter	吸引注意力	为了让学生能快速安静，如教师说：“眼睛，眼睛……”学生答：“看老师！”常用吸引学生注意力的有效口令还有击掌、摇铃、数到五等。

续表

英文	中文	备注
attention grabber	口令	
auditory processing disorder	听觉处理障碍	
be accountable	对自己的行为负责	
be prepared	准备好	
be responsible	责任感	
behavior operations	行为操作	
Behavior Reflection Sheet	行为反思表	
behavior self-monitoring chart	行为自我监督表	
Behavioral Approaches to Classroom Management	行为方法派	行为主义方法派的课堂管理是指教师在了解学生情况的基础上，运用行为矫正的方法，矫正学生的行为问题。
block schedule	区块时间表	美国高中的一大节课，一般为80到90分钟。
brain break	大脑休息	
bully	欺凌	包括叫人绰号、骂人等不当用语和网络欺凌等各种形式的校园暴力行为。
calm-down corner	冷静角	
classroom procedure	课堂程序	包括从教师进入教室到离开教室的整个程序规则。
classroom teacher	班主任	
collaboration	合作	
communication	语言交流	
communities	社团、社区、社会活动	
comparisons	比较能力	

续表

英文	中文	备注
connections	贯联其他学科	
consequences	后果	
contact parents	联系家长	
cooperate	合作	
cultural comparisons	文化比较	
cultures	文化沟通	
curriculum	课程大纲	
curriculum modifications	课程更改	
deaf-blindness	盲聋	
deafness	耳聋	
deficit thinking	欠缺性思维	
detention	放学留校	
discipline-focused classroom management	以规训进行课堂管理	
Drop, Cover and Hold	蹲下、寻找掩护、抓牢	
dyscalculia	计算障碍	
dysgraphia	书写困难	
dyslexia	阅读障碍	
Ecological Approaches to Classroom Management	生态方法派	旨在帮助学生学习和规范他们的行为的整体方法。
Ecological Model	生态方法模式	以生态方法理论基础发展而来的生态方法模式（Ecological Model，Perras，2002）强调利用和谐的教学环境、灵活多样的教学方式和以预防为主的课堂程序，来培养学生积极的学习意识和营造良好的学习氛围。

续表

英文	中文	备注
emotional disturbance	情绪障碍	
environmental accommodations	环境调整	
epinephrine autoinjector	肾上腺素自动注射器	
Evacuation	疏散/撤离	
exit ticket	出门票	
extinction	削弱作用	削弱作用是指当学生的行为没有受到积极强化或者消极强化时，学生会因为没有得到想要的结果而弱化这种行为。
extra credit	附加分	鼓励学生在完成作业之后做一些其他的工作。
extrinsic motivation	外在动力	
FAPE (Free Appropriate Public Education)	免费的适当公共教育	
FERPA (*Family Educational Rights and Privacy Act*)	《家庭教育权利和隐私法》	
fixed mindset	固定型思维	
formative assessment	形成性评估	课堂上教师对于教学效果进行随机的评估或者测试。
good behavior games	好行为游戏	教师通过竞赛的方式积极强化学生的适当行为。
group focus	群体焦点	教师在教学活动中获取全班同学的注意力的能力。
growth mindset	成长型思维	
hearing impairment	听力障碍	
higher level thinking skills	更高层次的思维水平	

续表

英文	中文	备注
homeroom	固定教室（小学和幼儿园）	类似国内学生固定教室，教师流动、学生不动。
IEP (Individualized Education Plan)	个性化教育方案	
Individual with Disabilities Education Act	IDEA法令	
inhaler	吸入器	
intellectual disability	智力障碍	
interact with cultural competence and understanding	注重文化能力与理解的相互作用	
interpersonal communication	人际沟通	
interpretive communication	解释性沟通	
Interpretive Listening	听力理解	
Interpretive Reading	阅读理解	
intrinsic motivation	内在动力	
laminated	塑封	
language comparisons	语言比较	
lesson plan	教学计划	
lifelong learning	终身学习	
Lockdown	防暴演习	
magnetic strip	磁条	
making connections	建立联系	
modification	教学更改	
momentum	保持动态	
multiple disability	多重残障	

续表

英文	中文	备注
National Standards in Foreign Language Education Project	全国外语教育目标课题组	
negative interaction	消极互动	
negative reinforcement	消极强化	消极强化是指当学生按照教师的要求做出符合期待的行为时，教师撤销或者减少负面刺激来增加适当行为的频率。
nonverbal learning disability	非语言学习障碍	
office referral	通知学校管理层	处置学生不良行为的一种升级措施。
on task	专心	
organization skills accommodations	组织技巧调整	
orthopedic impairment	骨科损伤	
other health impairment	其他健康障碍	其他障碍包括限制儿童体力、精力或注意力的一些症状。
out-of-school suspension	校外停课	
overlapping	复合行为	教师要具有能够同时处理多重事件的能力。
PBIS (Positive Behavior Intervention and Support)	积极行为导向系统	
positive interaction	积极互动	
positive reinforcement	积极强化	积极强化是指当学生按照教师要求做出符合期待的行为时，教师通过给学生积极的反馈或奖励，例如表扬、发放奖品等，来激励学生在将来继续这种适当的行为。
pouch	腰包	
presentation accommodations	演示调整	

续表

英文	中文	备注
presentational communication	表达性沟通	
Presentational Speaking	口头表达	
Problem-solving Team	问题解决团队	
procedures	程序	
Process-Outcome Approaches to Classroom Management	过程—结果方法派	对于课堂过程（教师教）和结果（学生学）关系的探索即过程—结果方法的研究。
project	学生独立完成的专题	学生应将学到的知识用于实际生活（教师要先给出详细的要求和评分标准）。
punishment with aversive	不愉快的惩罚	指当学生出现不当行为时，教师给出厌恶刺激，以此消除或抑制不当行为。
recess	课间休息	
relating cultural practices to perspectives	将文化实践与观点联系起来	
relating cultural products to perspectives	将文化产品与观点联系起来	
response accommodations	回应调整	
response cost punishment	反应代价	反应代价是指学生出现不良行为时，教师扣除学生原来拥有的某种奖励，从而达到降低不良行为频率的目的。
review learning objectives	重温教学目标	
rubric	标准	
rules	规则	
scaffolding	脚手架	学生在学习一项新的概念或技能时，教师提供足够的支持来提升学生学习能力的教学准备。

续表

英文	中文	备注
scheduling accommodations	日程调整	
school and global communities	学校和全球社区	
seating	排座位	
Section 504 of *The Rehabilitation Act*	《康复法案》第504条	
Shelter-in-place	就地避难	
SLD (specific learning disability)	特定学习障碍	特定学习障碍涵盖了一些会影响孩子的阅读、写作、听力、说话、推理或数学能力的障碍。
smooth transition	顺利交接	小学课程教师流动之间的顺利交接，任何时间不可以让学生处于无教师监管的情况。
smoothness	保持流畅	
special accommodation	特殊照顾	美国法律规定对于504和特殊教育学生两类学生进行特殊照顾。
specials	特别课程	如中文、法文等外语科目，及美术、乐队和剧场等特色科目。
specialty programs	特色项目	
SPED department	特殊教育部门	
SPED students	特殊教育学生	
speech or language impairment	言语或语言障碍	
Standards for Foreign Language Learning in the 21st Century	《美国21世纪外语学习标准》	
stickers	贴纸	
student and teacher conference	教师约谈	教师与有课堂行为问题的学生开会。

续表

英文	中文	备注
think aloud	放声思考	
Think Chair	“反思椅”	教室里单独留出来的一张椅子，作为惩罚学生不守纪律的一种后果。
think time	思考时间	当学生扰乱正常教学时，学生会被安置在另外的教室，反思自己的行为。当他们能够在课堂中做出符合期待的行为时，他们将重新加入课程。
think-starters	启发思考行为	
think-stopper	阻止思考行为	
time accommodations	时间调整	
TPR (Total Physical Response)	全身反应法	倡导把语言和行为联系在一起，通过身体动作教授语言，这种方法使孩子们可以水到渠成地完成从听到说的学习过程。
transition	过渡	
traumatic brain injury	创伤性脑损伤	
verbal warning	口头警告	
visual impairment, including blindness	视力受限，包括失明	
warm up	热身	教师在开始新课前所做的活动或课堂任务。
wittiness	洞察力	
worksheet	练习材料	阶段性巩固练习。

图书在版编目（CIP）数据

国际汉语教师生存指南．课堂管理篇．上 /（美）黄丽娟主编．-- 北京 ：高等教育出版社，2020.5
ISBN 978-7-04-053586-0

Ⅰ．①国… Ⅱ．①黄… Ⅲ．①汉语 - 对外汉语教学 - 教学参考资料 Ⅳ．①H195.4

中国版本图书馆CIP数据核字(2020)第028768号

策划编辑 李 玮　　责任编辑 李 玮　　封面设计 张 楠　　版式设计 张 楠
插图绘制 齐 珏　　责任校对 盛梦晗　　责任印制 尤 静

出版发行 高等教育出版社　　网 址 http://www.morefunchinese.com
社 址 北京市西城区德外大街4号　　http://www.hep.com.cn
邮政编码 100120　　网上订购 http://www.hepmall.com.cn
印 刷 北京市大天乐投资管理有限公司　　http://www.hepmall.com
开 本 787mm× 1092mm 1/16　　http://www.hepmall.cn
印 张 14
字 数 280千字　　版 次 2020年5月第1版
购书热线 010-58581118　　印 次 2020年5月第1次印刷
咨询电话 400-810-0598　　定 价 58.00元

本书如有缺页、倒页、脱页等质量问题，请到所购图书销售部门联系调换

物 料 号 53586-00